Immigration-intégration :

le langage de vérité

Du même auteur

Le Puzzle de l'intégration. Les pièces qui vous manquent, Mille et une nuits, 2007.

« De quoi l'avenir intellectuel sera-t-il fait ? : Enquêtes 1980-2010 », in *Le Débat*, Gallimard, mai 2010.

Malika Sorel-Sutter

Immigration-intégration : le langage de vérité

MILLE ET UNE NUITS

Couverture : Off, Olivier Fontvieille.
Photographie de Malika Sorel :

ISBN 978-2-7555-0615-0

« Il faut bien que quelqu'un monte sur le ring et dise : "Je suis fier d'être français." Qu'il réponde à ceux qui condamnent la France pour ce qu'elle fut, ce qu'elle est, ce qu'elle sera : une criminelle devenue vieillerie décadente. [...] Ils exigent que la France reconnaisse qu'elle les opprime, qu'elle les torture, qu'elle les massacre. Seule coupable ! Pas de héros dans ce pays ! Renversons les statues, déchirons les légendes. Célébrons Trafalgar et Waterloo, et renions Austerlitz ! Ils veulent que la France s'agenouille, baisse la tête, avoue, fasse repentance, reconnaisse ses crimes et, tondue, en robe de bure, se laisse couvrir d'insultes, de crachats, heureuse qu'on ne la "nique" qu'en chanson et qu'on ne la brûle que symboliquement chaque nuit ! Il est temps de redresser la tête, de hausser la voix, de monter sur le ring… et de boxer à la française ! »

MAX GALLO,
Fier d'être français.

« À vouloir étouffer les révolutions pacifiques, on rend inéluctables les révolutions violentes. »

JOHN FITZGERALD KENNEDY
Washington, 13 mars 1962.

« Le Tonneau des Danaïdes » (1903), par John William Waterhouse (1849-1917), DR.

Préambule

N'est-il pas déjà trop tard ? C'est la question que les Français se posent désormais. Cette interrogation glace le sang, tant elle révèle la profonde inquiétude qui s'est emparée des citoyens. Jour après jour, ceux-ci réalisent que le temps du sursaut est venu et qu'il leur faut se souder autour de l'essentiel : leur héritage, fruit d'une longue, riche et douloureuse histoire.

Immigration-insertion-intégration : aucun autre sujet n'incarne autant le divorce des Français et de leur élite politique. Aucun autre sujet ne met autant en lumière le désamour désormais profond du peuple pour des élites censées veiller sur son destin, mais qui ont participé à le mettre en danger. C'est ce sentiment d'avoir été trahis dans ce qu'ils ont de plus intime, leur identité, qui habite aujourd'hui les Français. Il importe de préciser d'emblée que ce sentiment prévaut dans l'ensemble des pays européens ; pas un en effet qui ne souffre du même mal. Dès ses premiers pas, la construction européenne fut guidée par une seule obsession, celle d'empêcher que les nations européennes puissent un jour renouer avec leurs vieux démons. Cette hantise du passé est devenue à tel point névrotique qu'elle a fini par rendre l'Europe aveugle à son présent et aux défis nouveaux qui surgissaient.

Mais qu'est-ce, au juste, qu'être français ? Quelle est-elle, cette identité française qui amène les Français, à partir de leur multiplicité, à se penser comme un corps, comme une communauté nationale ? En France, autrefois terre de libre pensée et d'exercice de l'esprit critique, cette question n'a plus droit de cité. L'interdiction de penser s'est installée sournoisement, et, un jour, la liberté d'expression n'a plus été qu'une pâle étoile dont la lumière tente, de loin en loin, de percer l'épais manteau de brouillard qui recouvre la société française. Soutenue par une concordance inattendue d'intérêts qui lie les univers politique, médiatique, financier et économique, une vérité unique s'est imposée. Malheur à ceux qui n'ont pas adopté la *novlangue* et tentent encore d'exprimer leur francité. Ils courent le risque d'être embastillés dans la geôle des « racistes », avant d'être lapidés en place publique : on fait des exemples qui servent à dissuader les citoyens. Terroriser pour mieux soumettre, stratégie aussi vieille que le monde, mais que ne peuvent admettre ceux qui ont encore en mémoire le sens du mot « liberté ». « C'est cela, le terrorisme intellectuel. Pratiquant l'amalgame, le procès d'intention et la chasse aux sorcières, cette mécanique totalitaire fait obstacle à tout vrai débat sur les questions qui engagent l'avenir[1] », écrit Jean Sévillia.

Puisque le prix à payer pour avoir osé penser tout haut est monstrueusement élevé, les Français pensent

1. Jean Sévillia, *Le Terrorisme intellectuel de 1945 à nos jours*, Perrin, coll. « Tempus », 2004.

désormais tout bas, un ton juste en dessous du niveau de sensibilité du *télécran*, comme Winston Smith[1] en prenait la précaution dans le roman d'Orwell, *1984*. Mais qui sont au juste ces inquisiteurs des temps nouveaux ? Comment ont-ils pu réussir en si peu de temps leur prise d'otage de la *liberté de pensée et de jugement* ? Sur quelles alliances, lâchetés ou concordance fortuite d'intérêts ont-ils pu se reposer ?

Or, voilà qu'en dépit de la chape de plomb de la pensée unique sous laquelle on voudrait l'ensevelir, le peuple français respire encore. On a beau le sommer de mourir sans même pousser le moindre soupir, rien n'y fait et rien n'y fera : il ne veut pas mourir, et il ne mourra pas. Son instinct de survie semble être inscrit dans son inconscient collectif, cette bête étrange que nul ne peut toucher ni même effleurer, mais qui touche de sa grâce chacun des enfants de France, qu'il soit biologique ou adoptif. Pour Hannah Arendt, « la politique, c'est cet espace intermédiaire où se joue la liberté, où agissent les hommes libres[2] ». Nos élites politiques auraient-elles failli ?

Que de larmes et de sang versés au cours de l'Histoire pour que le peuple français puisse vivre un jour son idéal de liberté, d'égalité, de fraternité, puis de laïcité ! Ce sang et ces larmes auront-ils été versés en pure perte ? Pourquoi les élites se sont-elles tant appliquées, et continuent-elles pour certaines, à porter la charge contre chacun de ces principes qui fondent le pacte moral et social qui lie les Français entre eux ?

---

1. George Orwell, *1984*, Gallimard, coll. « Folio », 1950.
2. Hannah Arendt, *Qu'est-ce que la politique ?*, texte établi par Ursula Ludz, Le Seuil, 1995.

Dans leur écrasante majorité, les Français restent très attachés aux principes qui forment la synthèse de leur histoire politique et culturelle, et qui entrent de ce fait dans la composition de leur noyau identitaire. Quelle imprudence que ces actions qui consistent à chercher à fissurer ce noyau ! Bien malin celui qui réussira à contrôler l'énergie ainsi libérée.

Voilà trois décennies que des partis de gouvernement tentent de résoudre, sans grand succès, le problème posé par l'intégration des enfants issus de l'immigration extra-européenne. Avec le temps, la difficulté s'est accentuée ; la France s'est mise à fabriquer de moins en moins de Français, au fil des flux migratoires et de l'évolution du taux de natalité. Pis, la qualité de l'intégration se dégrade chez les descendants de migrants, alors que c'est le phénomène inverse qui avait toujours été observé avec les précédentes vagues d'immigration, celles qui émanaient du continent européen. Longtemps, cette simple réalité, qui aurait dû provoquer une analyse sérieuse et approfondie pour endiguer le phénomène, a été occultée. Puis, lorsqu'il n'a plus été possible de la cacher, on a expliqué aux Français que les difficultés se résorberaient avec le temps, qui ne manquerait pas de venir à bout de tous les problèmes – on ne sait d'ailleurs par quel miracle ! Effrayé par les stigmates de la non-intégration, l'État s'est alors lancé dans une course effrénée aux programmes politiques dont aucun n'a, à ce jour, donné de résultats satisfaisants. Les élites politiques se seraient-elles trompées de diagnostic ? L'affaire est grave, car un traitement fondé sur un faux diagnostic ne peut, au mieux, que jouer le rôle de placebo ; au pire, il aggrave l'état du malade.

Pas un jour ne passe sans que les médias n'évoquent ce sujet devenu source de très vives inquiétudes. Une part considérable de l'énergie politique est désormais accaparée par des questions liées à cette dégradation de l'intégration. Pourtant, on continue d'occulter la réalité des défis que pose à la France l'intégration des enfants de cultures non européennes. Pis, on masque ces défis par un discours incantatoire selon lequel « l'immigration est une chance pour la France », donc pour les Français ; une chance au sujet de laquelle nul n'a le droit de s'interroger, sous peine d'être ostracisé. La *novlangue* est devenue langue officielle. À quel jeu macabre les élites politiques et médiatiques se livrent-elles ?

Tout le système d'instruction a été revu pour s'adapter aux difficultés que les enfants de l'immigration rencontrent dans leur parcours scolaire. C'est pour eux que les pédagogistes et les constructivistes ont profondément altéré la capacité de notre système éducatif à mener les élèves vers une réussite réelle, et non artificielle. Ils l'ont fait avec la bénédiction des décideurs politiques. L'élève au centre du système, l'élève détenteur des savoirs que l'enseignant se doit de révéler, voilà une sinistre farce dont sont victimes les enfants qui n'ont pas la chance d'évoluer dans un milieu familial lui-même détenteur des codes de la réussite ; mais dont la principale victime est bien la France.

Si les flux migratoires avaient entraîné notre classe politique à proposer des évolutions qui tirent la France vers de plus hautes ambitions, la situation serait profondément différente. Or, les citoyens découvrent qu'on n'a eu de cesse d'abonder dans le sens d'une régression des objectifs pour notre pays. On a œuvré comme s'il n'existait aucun lien entre la formation du plus grand nombre de têtes bien faites et la capacité de la France à se doter d'un avantage compétitif dans la mondialisation.

Que s'est-il passé pour que l'intégration se dégrade autant ces dernières décennies ? Outre l'importance des flux migratoires, en proportion de la population française, outre encore la distance culturelle qui s'est considérablement accrue en comparaison avec les flux migratoires intra-européens, ce qui a profondément changé, c'est le comportement de la classe politique elle-même. Pour les migrants de source européenne, la classe politique exigeait d'eux et de leurs descendants qu'ils s'adaptent à la société française ; pour les migrants de source non européenne, la classe politique s'est mise à exiger que ce soit la société française qui s'adapte à eux et à leurs descendants. Cette adaptation s'est traduite par la prise en compte de leurs spécificités culturelles et a conduit, bien souvent, à la remise en cause des fondamentaux du peuple français. Les migrants et leurs descendants n'ont strictement plus aucune raison de respecter les normes collectives de la société française, qui sont la traduction de l'identité française. C'est ainsi que s'est opérée la dégradation de l'intégration. Or, le monde politique refuse encore d'admettre cette vérité et persiste à envoyer le signal que le peuple français devrait un jour accepter de rompre avec ses fondamentaux. Comble de l'absurde, ces mêmes hommes politiques poussent ensuite des cris d'orfraie lorsque les populations de l'immigration en viennent à se dresser contre ce qui symbolise la France et son peuple. « Dieu, écrivait Bossuet, rit des hommes qui déplorent les conséquences dont ils chérissent les causes. »

Si l'erreur est humaine, persévérer est diabolique. Persister dans l'erreur quand tout concourt à ouvrir les yeux est une faute impardonnable. Comme l'avait remarquablement bien formulé le mahatma Gandhi, « tout compromis repose sur des concessions mutuelles, mais il ne saurait y avoir de concession mutuelle lorsqu'il s'agit de principes fondamentaux ». Or, pour que l'intégration se produise, on exige, dans les faits, que les Français renoncent à leurs principes fondamentaux. C'est par ses racines que l'arbre se nourrit. Les principes fondamentaux constituent les racines du peuple. Comment ce dernier pourrait-il survivre s'il se laissait amputer de ses racines ? Le peuple français y aura mis beaucoup de temps, mais il a maintenant compris que le plus redoutable défi à relever est de préserver sa cohésion nationale.

Les Français attendent qu'on leur tienne un langage de vérité ; c'est bien le moindre des respects qui leur sont dus. C'est à quoi s'attache ce livre. Il entend démontrer l'urgence qu'il y a à traiter la question de l'intégration dans toutes ses dimensions, en la resituant dans un cadre global. Il met également en lumière tous les leviers qu'il convient d'actionner dans le sujet de l'immigration-insertion-intégration. Il trace de véritables perspectives et propose un programme d'actions cohérent, car c'est bien là que le bât blesse : l'esprit de cohérence semble avoir déserté la sphère politique. Les citoyens sont eux-mêmes parfois en rupture de cohérence. Ils souhaiteraient que tout fût possible, même lorsque les intérêts ne sont pas conciliables. La cohérence est incontournable pour retisser le lien de confiance entre le politique et le citoyen. C'est la rupture de ce lien qui préoccupe au plus haut point l'élite politique, mais, terrorisée et tétanisée par la violence des jeunes de l'immigration maghrébine et africaine, elle ne sent pas que c'est du côté des Français de souche européenne que les raisins de la colère pourraient bien un jour se trouver à vendanger. Ce livre se veut un appel à la raison et au retour de la responsabilité politique.

Introduction

Albert Einstein avait vu juste, « on ne règle pas un problème en utilisant le système de pensée qui l'a engendré ».

Bien plus que d'autres, notre monde politique fonctionne sur la base de la cooptation pratiquée le plus souvent à l'intérieur d'un périmètre des plus restreints. En d'autres temps, nous aurions évoqué le « piston » pour décrire ces procédés. Aujourd'hui, nous employons le terme de « réseau ». Ce glissement dans les mots n'est pas innocent. Nous verrons que, sur le sujet de l'intégration, les termes décisifs ont eux aussi glissé, et cela n'est pas innocent non plus.

Les modalités de recrutement de l'élite politique ont une incidence directe sur le sujet qui nous concerne ici, car c'est bien ce système de reproduction, générateur de clones, qui empêche de renouveler le système de pensée politique ou, à tout le moins, de le vivifier. Aussi cet univers étriqué, entièrement codifié, ne laisse-t-il qu'une place epsilonesque à l'innovation politique. Pour continuer de vivre, notre démocratie a besoin de se réoxygéner par une redistribution des cartes qui donnerait naissance à une nouvelle espérance. Ce blocage explique, en grande partie, pourquoi l'aveuglement a pu perdurer aussi longtemps au sujet de l'intégration. Bien pire que cet aveuglement, il y a la dissimulation de la réalité, le mensonge, ainsi que la manipulation des foules.

On peut douter qu'un pays comme le nôtre, la France, n'ait pas été capable de préparer suffisamment de matière grise apte à traîter les problématiques complexes et à élaborer une véritable vision pour relever les défis d'envergure. Le système médiatique coopère grandement à cette entreprise, puisque c'est lui qui décide de porter ou non à la connaissance du grand public les idées ainsi que les hommes et les femmes qui les défendent.

Il serait erroné d'affirmer que les citoyens n'auront joué aucun rôle dans la situation conflictuelle que nous connaissons, car ils en ont bel et bien joué un, et non négligeable. Les citoyens ne sont pas neutres ; ils sont même très actifs. Ce sont les citoyens qui permettent en effet à ce système politique, qui fonctionne en circuit fermé, de se perpétuer. Les uns pensent pouvoir tirer un peu de profit en reconduisant à leurs postes des stars du système, les autres se laissent détourner de l'essentiel par la « peopolisation » dont ils se repaissent. En témoigne la vigueur des ventes des magazines qui jettent en pâture des miettes de vie, et parfois les frasques, d'une partie du personnel politique.

Dans l'espoir qu'une rivière de lignes de crédit vienne irriguer leur territoire, les citoyens élisent souvent leur député en fonction de ses entrées dans les lieux de pouvoir de la capitale. Sans le vouloir, ils participent ainsi à bloquer toute possibilité de laisser leurs élus se concentrer vraiment sur les sujets d'intérêt national. Car ceux-ci savent que la condition de leur (ré)élection est de nature locale et réside dans leur aptitude à faire financer des projets locaux.

Nombreux sont les intellectuels, les enseignants, les citoyens de toutes origines sociales, de toutes sensibilités politiques, et aussi les élus de la République, qui tirent depuis fort longtemps le signal d'alarme ; mais, depuis trente ans, les dirigeants n'écoutent plus qu'une seule voix, celle des antirépublicains. Ces derniers, redoutables stratèges, ont parfaitement compris que, pour détruire l'idéal français et faire disparaître l'âme de la France, il leur fallait commencer par mettre la République à genoux. Ils ont remporté la première manche de leur funeste entreprise, puisqu'ils ont réussi à jeter l'opprobre, puis à les faire remettre en cause, sur chacun des principes républicains de liberté, d'égalité, de fraternité et de laïcité. Leur croisade contre la République est ingénieuse, et leur étendard porte un seul slogan : la République a failli !

Cette croisade vient enfoncer sa dague au cœur même de l'identité nationale française : « L'identité républicaine, c'est d'abord, comme l'indique bien l'expression classique, une synthèse, écrit l'historien Pierre Nora. Non seulement idéologique, mais historique, qui consiste dans l'identification définitive et absolue de la République et de l'idée nationale. Dans toutes ses conséquences. Cette identification, outre les institutions politiques et les symboles, supposait d'un côté la récupération à la conscience collective des siècles de passé monarchique et, de l'autre, la définition d'une identité à la française par rapport à l'identité nationale allemande. » Et d'en conclure : « C'est ce qui a donné à l'histoire sa priorité dans la formation de la conscience civique et nationale et en a fait l'axe d'une culture des humanités, indissociable des valeurs, de la culture et de l'identité républicaines. D'où le péril en la demeure maintenant que cette culture chavire[1]. »

Pour Anne-Marie Thiesse, spécialiste d'histoire culturelle, « la Révolution française a donné à la nation une souveraineté absolue et fait de la République son expression politique[2] ». Si les principes républicains, tels que nous les connaissons et qui structurent notre société, sont hérités de la Révolution française, leur contenu est quant à lui la parfaite synthèse de toute l'histoire culturelle et politique du peuple français : « La Révolution française est un creuset dans lequel il y a toute l'histoire de France depuis ses origines. Un monde nouveau est né de cet événement qui a marqué profondément, par sa radicalité et sa brutalité, notre conscience nationale. Si bien qu'aujourd'hui, de nombreux comportements politiques et humains sont déterminés par la force de ce passé-là[3] », rappelle l'historien et académicien Max Gallo. Les principes, les concepts ne sont jamais abstraits : ils sont toujours ancrés dans une histoire qui leur a donné naissance.

---

1. Pierre Nora, « Les avatars de l'identité française », *Le Débat*, n° 159, Gallimard, mars-avril 2010.
2. Anne-Marie Thiesse, *La Création des identités nationales*, Le Seuil, 1999.
3. Max Gallo, « Il suffit de quelques jours pour que la barbarie rejaillisse », propos recueillis par Saïd Mahrane, site Internet du *Point*, 25 février 2009.

Insertion – intégration – nation

Dès les années 1980, les gouvernements successifs ont élaboré, puis financé des plans fort dispendieux pour l'intégration des flux migratoires, intégration qui était de moins en moins souhaitée par les descendants de l'immigration eux-mêmes. Mais il y a bien plus grave : les gouvernants ont plié, puis cédé les uns après les autres au diktat des lobbyistes de la communautarisation de la France, sans jamais se projeter en avant pour anticiper les conséquences de leur renoncement au modèle français d'intégration. « Tous, écrit l'historien et philosophe Marcel Gauchet, revendiquent l'intégration. Tous revendiquent l'objectif, mais personne, apparemment, ne se préoccupe de comprendre le processus. Que signifie-t-elle au fond ? Quelles sont ses conditions ? Par où passe-t-elle[1] ? »

Oui, que signifie l'intégration ? Lorsqu'on prend connaissance des critères officiellement retenus pour jauger l'intégration à la communauté nationale française, on reste interdit : l'intersection de ces critères avec le contenu de l'identité française est quasi nulle !

Lorsque nous parlons d'intégration, nous confondons le plus souvent intégration dans une communauté nationale et simple insertion au sein d'une société. L'insertion correspond à l'obligation de respecter les normes collectives d'une société qui trouvent leur tra-

1. « Penser l'intégration », *Le Débat*, n° 151, Gallimard, septembre 2008.

duction dans les règles du « bien-vivre ensemble », même si on ne les partage pas et que l'on possède ses propres règles héritées de sa culture. C'est ce que font les Français de souche européenne lorsqu'ils sont expatriés. Ces règles et ces normes sont toujours le résultat d'un processus historique et culturel.

Est-il utile de rappeler que les lois françaises n'ont été faites ni pour, ni contre les migrants et leurs descendants ? Ces lois, qui illustrent le socle des valeurs fondamentales propres à la société française, existaient bien avant leur arrivée. Elles sont le fruit de l'immense héritage du peuple français. Aucun parent français de souche ne laisserait ses enfants se singulariser comme on le laisse faire aux enfants issus de l'immigration, lorsqu'ils rejettent des éléments essentiels du « bien-vivre ensemble » qui régit la société française.

L'intégration à une communauté nationale, c'est tout autre chose. C'est un choix purement personnel, chacun à son heure. L'intégration correspond au sentiment d'appartenance à la communauté française, au fait de se sentir concerné par le partage d'une communauté de destin avec les Français. L'intégration se joue entièrement sur le registre affectif et moral.

Cela se traduit, concrètement, par la transmission, à ses propres descendants, des fondamentaux qui composent le noyau identitaire des Français, ce que l'on nomme le legs ancestral ; des principes et valeurs de la société française, mis en forme dans le temps long, qui sont les valeurs de tolérance et d'ouverture : liberté, égalité, fraternité, laïcité.

L'intégration se produit lorsque le migrant (ou son descendant) perçoit que sa propre identité se rapproche davantage de l'identité du peuple d'accueil que de celle de son peuple d'origine.

L'intégration dans la communauté nationale, c'est l'appropriation et l'intériorisation du pacte moral et social qui lie les Français entre eux. Elle se manifeste par la volonté de s'inscrire, ainsi que ses propres descendants, dans l'arbre généalogique du peuple français, comme un descendant des ancêtres des Français. C'est ce qu'ont fait Russes, Italiens, Espagnols, Polonais, etc., lorsque, venus en France, ils ont manifesté leur volonté de partager le destin des Français. En se plaçant sur l'autre face de la pièce : la nation.

Ernest Renan avait magnifiquement décrit ce processus ; il avait ainsi identifié « un certain nombre de conditions essentielles pour continuer d'exister en tant que nation : la fusion des populations ; le nécessaire oubli des pages sombres de l'histoire ; la possession en commun d'un riche legs de souvenirs ; le désir de vivre ensemble ; la volonté de continuer à faire valoir l'héritage qu'on a reçu indivis ; le partage d'un long passé d'efforts, de sacrifices et de dévouements ; le culte des ancêtres, de tous le plus légitime[1] ». L'historien et résistant Marc Bloch, lui aussi, a su merveilleusement résumer ce que ressentent ceux qui réussissent leur processus d'intégration à la nation : « La France demeurera, quoi qu'il arrive, la patrie dont je ne sau-

1. Ernest Renan, *Qu'est-ce qu'une nation ?*, conférence prononcée en 1882 à la Sorbonne ; Mille et une nuits, coll. « La Petite Collection », 1997

rais déraciner mon cœur. J'y suis né, j'ai bu aux sources de sa culture. J'ai fait mien son passé, je ne respire bien que sous son ciel, et je me suis efforcé, à mon tour, de la défendre de mon mieux[1]. »

Un processus d'intégration réussi aboutit à l'assimilation. Le concept d'assimilation a été victime d'un procès en sorcellerie : on a dépeint le peuple français sous les traits d'un ogre qui avalerait les nouveaux Français et les ferait disparaître, alors que cela n'a jamais été le cas. On l'a accusé à tort d'exiger des nouveaux Français qu'ils deviennent amnésiques.

À tout ce qui précède, il convient d'ajouter un élément de taille : l'intégration est certes une décision purement individuelle, mais elle est soumise à l'appréciation de la communauté à laquelle on souhaite être intégré. Dans l'intégration, nous sommes en effet en présence de deux parties : le postulant à l'intégration et la communauté française. Tant que le postulant ne paraîtra pas, aux yeux du peuple français, comme porteur de ses valeurs, il ne sera ni reconnu, ni coopté, ni adopté comme Français par les Français. La classe politique, les intellectuels, les médias, les associations pourront bien tempêter, le postulant pourra bien exhiber les papiers d'identité que l'administration lui aura délivrés sur la base de critères d'intégration farfelus, rien n'y fera.

Pour s'intégrer, pour rejoindre un peuple et lui appartenir, il faut être habité du désir de s'y fondre. Lorsqu'on s'est fondu dans le peuple français, un non-

---

1. Marc Bloch, *L'Étrange Défaite,* Gallimard, 1990.

Français ne saura pas nous distinguer, depuis l'extérieur, de la « masse des Français ». De son point de vue et dans son regard, qui sont forgés par sa culture, il retrouvera en nous les traits dominants des Français, ces marqueurs qui traduisent les principes et valeurs de l'identité française.

Le refus souvent observé dans les derniers flux migratoires de partager l'héritage indivis du peuple français, et la volonté de remettre en cause ses principes et ses valeurs, auraient dû alerter les élites politiques sur le fait que la donne avait changé, et que la France ne se trouvait plus du tout confrontée à une problématique d'intégration telle qu'elle avait pu la connaître avec les précédents flux migratoires d'origine européenne. Face aux difficultés de l'immigration extra-européenne à s'intégrer – processus qui doit mener à terme à son assimilation –, un glissement sémantique s'est produit, ce qui est bien le signe d'un recul de l'État et de la dénégation de la réalité : on confond insertion et intégration. Aujourd'hui, sous la plume de la plupart des journalistes et, pire, dans la bouche des élus de la République – ceux qui sont censés représenter le peuple français –, le terme « intégration » est employé pour parler de simple insertion ! La communauté nationale se trouve de la sorte ravalée au rang d'une quelconque entreprise, dans laquelle le salarié « s'insère » au sein d'une équipe. Ce recul de l'État traduit, concrètement, son renoncement à faire respecter l'identité du peuple français. Non seulement l'État a baissé les bras, mais c'est maintenant aux Français qu'il demande d'« intégrer » la culture des nouveaux entrants, y compris les éléments qui entrent en contradiction avec les principes républicains. C'est ainsi que les accommodements dits raisonnables se sont peu à peu invités à la table de la République et qu'ils ont fait le lit du multiculturalisme. C'est parce que le peuple français inspirait à l'État, et plus largement à la classe politique, moins de crainte que les nouveaux entrants que nos gouvernants ont fait du peuple leur variable d'ajustement ! Il n'y a pas que dans le monde du travail que les Français ont été sommés de devenir flexibles.

Il est fondamental de préciser que l'insertion dans une société est un impératif absolu qui s'impose à tous. Nul refus d'insertion ne saurait être toléré, pour la simple raison qu'aucune vie commune n'est possible lorsque les règles qui régissent la société, autrement dit ses normes collectives, ses lois, sont contestées. En revanche, l'intégration-assimilation ne peut jamais être imposée. Elle ne peut être que le fruit d'un choix personnel. Elle se produit lorsqu'on se sent personnellement faire corps avec les autres concitoyens, et qu'on se sent pleinement concerné par un destin commun, solidaire avec eux.

L'intégration forcée à la communauté française, c'est ce à quoi le peuple algérien fut soumis de 1830 à 1962, et c'est ce que subissent aujourd'hui les populations de l'immigration extra-européenne qui rejettent le contenu de l'identité française. Les explosions de violence, qui débordent désormais des banlieues, relèvent davantage de ce placage artificiel et superficiel d'une identité sur une autre, que de problèmes d'ordre économique. Ce qui a été détruit lors des émeutes de 2005, c'était, entre autres, des écoles, des infrastructures culturelles et sportives... c'est-à-dire des équipements construits par l'État pour aider les enfants issus de l'immigration eux-mêmes !

Il y a une grave méprise au sujet de l'intégration, et c'est ce qui explique le mur d'incompréhension qui s'élève désormais, de plus en plus haut, entre les Français de souche européenne et un nombre croissant de personnes issues de l'immigration extra-européenne qui possèdent, certes, les papiers d'identité, mais pas l'identité française. Le plus tragique, et c'est aussi ce qui rend la situation des plus dangereuses, c'est que ces personnes sont dans l'incapacité de saisir les contours de la problématique qui les concerne ici. Elles ne comprennent pas ce que la société française attend d'elles. Souvent, elles expriment la conviction qu'elles n'ont pas à s'intégrer puisqu'elles sont françaises, car détentrices de papiers français. Elles sont, dans une certaine mesure, dans la situation qui a été celle des pieds-noirs du Maghreb au début des années 1960 : les pieds-noirs avaient été convaincus par les pouvoirs publics qu'ils étaient chez eux au Maghreb ; ils étaient d'ailleurs convaincus qu'eux-mêmes et les habitants de ces pays constituaient la même communauté. Or, ils ne partageaient pas le legs indivis de ces peuples. Dans cette histoire, ni les pieds-noirs, ni les Arabes, ni les Français de la métropole ne sont coupables. L'Histoire a ceci d'implacable que les politiques ont beau décréter qu'il y a appartenance à la communauté nationale, rien n'entravera jamais la marche d'un peuple qui s'éveille, d'un peuple qui réalise que la chose publique devient l'affaire de chacun. Ainsi en a-t-il été du peuple algérien, qui a choisi son destin.

Cette question centrale de l'identité se pose à présent, et dans les mêmes termes, dans chacun des pays européens.

I

Ces médias qui entravent le fonctionnement de la démocratie

Même si Internet prend une ampleur croissante dans l'information des citoyens, les médias traditionnels demeurent (encore) les véritables faiseurs de rois. En s'appliquant à sélectionner très soigneusement les idées, les personnes et les personnalités qu'ils souhaitent voir promues, les médias modèlent constamment l'opinion publique. Les médiacrates s'emploient à l'orienter. Ils la représentent à leur guise, à longueur de pages et d'heures d'émissions, ce qui contribue à la façonner. Comme l'a très bien développé Élisabeth Lévy, ce ne sont pas les journalistes, en tant qu'individus, pris un à un, sur lesquels il convient de s'interroger, mais sur le cheminement « qui a conduit des jeunes gens au cerveau fécond et aux idées généreuses à se muer tout à la fois en faiseurs de l'opinion et en juges des opinions pour en arriver à proscrire toute pensée véritablement divergente, tout postulat un tant soit peu embarrassant, c'est-à-dire critique[1] ». Ce sont eux, qu'elle qualifie de « maîtres censeurs » et qui sont « investis du pouvoir d'énoncer ce qui est tolérable et ce qui ne l'est pas, ce qui est discutable et ce qui ne l'est pas, qui est fréquentable et qui ne l'est pas ». De ce fait, les médias entravent très régulièrement le débat démocratique. Et l'une de leurs principales fonctions est de mettre en scène l'agenda gouvernemental ou présidentiel. Les médias doivent jouer leur rôle d'information, et non un rôle de manipulation.

Avec les hauts gouvernants, les médias règnent sur la France. Il suffit d'observer la vie politico-médiatique de ces trente dernières années – ne serait-ce qu'à l'échelle de la dernière décennie, la chose est frappante – pour saisir l'ampleur de la régression démocratique. Les médias sont devenus de redoutables filtres actifs. Ils détiennent un droit de vie ou de mort sur les signaux émis par les élites politiques, et donc sur ces élites elles-mêmes. Ces dernières l'ont d'ailleurs intégré dans leur stratégie d'action et de communication. Voilà un poison qui paralyse l'action politique.

La pensée libre est bâillonnée au profit de la parole de ceux qui, par ignorance ou par calcul, œuvrent à affaiblir la cohésion nationale. N'est-ce pas plus sensationnel qu'une analyse subtile ? L'opinion publique est prise en otage par une presse qui se fait le porte-voix des diviseurs, et aussi d'hommes politiques qui, de crainte de rater un train, s'engouffrent dans la dernière tendance, celle du communautarisme. Pas un jour ne

1. Élisabeth Lévy, *Les Maîtres censeurs*, Jean-Claude Lattès, 2002.

passe sans que de nombreux médias n'apportent leur aide aux communautaristes, ceux pour qui la France doit être mise en accusation et se repentir. La plupart des médias offrent bien plus souvent, et plus facilement, une tribune à ceux qui font la propagande de la « diversité » et travaillent à la communautarisation de notre société, qu'à ceux qui défendent le modèle républicain français : « L'effondrement des problématisations en classes sociales est directement corrélé au rôle des médias qui ont affiché une préférence pour le communautaire sur le social et au processus des "porte-parole" qui fait accéder des groupes ultra-minoritaires à la notoriété, analyse Julien Landfried. Quand les classes sociales passent à la trappe, les "minorités visibles" font leur apparition[1]. »

Depuis près de vingt ans, et à de rares exceptions près, les médias s'appliquent à ne relayer, dans le problème de l'insertion-intégration, que les thèses de la culpabilité de notre société et de la primauté de la dimension socio-économique sur toute autre dimension. Aussi mentent-ils en permanence aux populations de l'immigration, qui ignorent la réalité des efforts quotidiens que développent les Français, adultes comme enfants, pour tenter de réussir.

1. Julien Landfried, *Contre le communautarisme*, Armand Colin, 2007.

Chape de plomb sur la liberté d'expression

Sur la question de l'intégration, les médias s'appliquent à décourager toute évocation de l'existence et de la réalité d'une identité française. À leurs yeux, seuls les étrangers ont le droit de posséder une identité et de l'affirmer. Les Français qui tentent d'évoquer la leur sont, quant à eux, immédiatement accusés de racisme et de xénophobie. Le parti pris contre les idéaux qui symbolisent l'identité du peuple français est évident. Quel sinistre paradoxe que d'utiliser le concept de « diversité » pour tenter d'étouffer l'âme de la France, et celui de « minorités visibles » pour vampiriser l'universel. Cette manipulation des foules, à laquelle se livrent bien des intellectuels et animateurs de shows médiatiques, est un jeu dangereux, car elle provoque une crispation de la société française qui peut déclencher, à terme, un rejet viscéral de tout ce qui est d'origine maghrébine ou africaine.

À la suite d'associations qui se sont donné pour mission de lutter contre le prétendu racisme des Français, les médias ont créé un climat qui pèse très lourd sur notre société. Ils ont coulé une chape de plomb sur la liberté d'expression dans la société française. Les Français ne doivent plus se laisser impressionner par les « ayatollahs de la pensée unique », ceux qui, depuis plusieurs décennies, utilisent le terme « raciste » comme une arme atomique dans le but de dissuader toute liberté de pensée et de jugement de s'exercer en France. Il suffit d'analyser les réactions des médias et de ces associations pour comprendre que leur lutte antiraciste est un bien curieux combat, à géométrie variable. Par exemple, le racisme dirigé contre les Français de souche européenne ne semble guère les émouvoir. Leur indignation est sélective. Eux qui font feu de tout bois, se gardent bien de s'interroger sur cette tendance aujourd'hui à l'œuvre sur le sol français : « Entre le 1er janvier et le 30 septembre 2010, 485 cimetières et lieux de culte ont été dégradés : 410 l'ont été au préjudice de sites chrétiens, dont 179 cimetières et 231 lieux de culte[1]. » Autrement dit, 85 % des dégradations de lieux de culte ont visé en 2010 des sites chrétiens ! Les Français ont-ils le sentiment que cette information a été relayée par les médias, ou que leurs représentants politiques ont témoigné la moindre compassion, à défaut d'indignation ? Le comportement de ces censeurs porte de surcroît atteinte au vrai combat contre le racisme, car, mettait en garde Claude Lévi-Strauss, « en banalisant la notion de racisme, en l'appliquant à tort et à travers, on la vide de son contenu, et on risque d'aboutir au résultat inverse de celui qu'on recherche[2] ».

1. Lettre adressée par Brice Hortefeux, ministre de l'Intérieur, de l'Outre-Mer et des Collectivités territoriales à Thomas Hammarberg, commissaire aux Droits de l'homme au Conseil de l'Europe, rendue publique le 2 novembre 2010.
2. Claude Lévi-Strauss, Didier Éribon, *De près et de loin*, Odile Jacob, 1988.

Violence et délinquance se voient justifiées

Emprisonner les populations de l'immigration dans le statut de victimes, donc les Français de souche européenne dans celui de bourreaux potentiels, est porteur de graves dangers pour notre société. Cette attitude a largement contribué à développer, puis à entretenir la haine que nourrit désormais une partie des jeunes issus de l'immigration envers les Français de souche et leur société. Ces jeunes sont à présent profondément convaincus que la France est coupable ; cela les incite à la braver et à ne plus produire le moindre effort pour en respecter les règles du « bien-vivre ensemble ». Ils en viennent même, de plus en plus souvent, à démissionner de leur rôle d'élèves à l'école ; l'école, le lieu où l'on forme les adultes de demain. Dans ces conditions, réussirons-nous jamais à cohabiter pacifiquement ? Il n'est pas possible de créer, puis de faire vivre un sentiment de fraternité entre des populations que l'on n'aura eu de cesse de dresser les unes contre les autres : les « victimes de discriminations » contre les « racistes qui discriminent ». La société française récolte désormais les effets de la haine qu'une partie de ses élites politique, médiatique, associative et intellectuelle a semée dans le cœur des migrants et de leurs descendants, en leur rabâchant que la France et les Français sont coupables.

En tentant de justifier ces sentiments de rancœur et de détestation, les médias en viennent à cautionner la violence. Pas un article de presse, pas un reportage où des journalistes ne viennent exposer les motifs qui auraient, selon eux, conduit à des actes de délinquance. Comme si une excuse pouvait être trouvée à tout, y compris à l'inexcusable ! La plupart des médias censurent par ailleurs les noms des délinquants, pour ne citer en définitive que ceux dont le patronyme est d'origine européenne. Cette censure est regrettable à plus d'un titre. Dans les cultures où le groupe est omniprésent – ce qui est le cas chez les Maghrébins et la plupart des Africains –, chaque membre du groupe a pour obligation de veiller à ce que le nom ne soit pas entaché, qu'une honte quelconque ne rejaillisse pas sur l'ensemble du groupe. Aussi, la peur de la « hchouma » joue-t-elle un véritable rôle de dissuasion, bien plus que des descentes de bataillons de police. Les parents auraient de ce fait été rapidement rappelés à l'ordre par leur entourage, et se seraient vus contraints d'assumer leur responsabilité de parents afin que leurs enfants ne contribuent pas à altérer l'image du groupe. En cachant la réalité, les médias ont amputé ces populations de toute obligation de réaction et ont de ce fait contribué à leur naufrage. L'image qui les enveloppe est à présent si altérée qu'elle a donné naissance à des stratégies d'évitement. Il serait salutaire de lancer des campagnes médiatiques et des campagnes de terrain auprès des élèves issus de l'immigration et de leurs parents, pour expliquer la nécessité de veiller à se construire une image positive, et à la conserver. Les Français savent fort bien qu'une image est très longue à construire, mais très rapide, et facile, à détruire. Il faut amener les populations de l'immigration à prendre conscience du fait qu'elles ont un grand rôle à jouer dans le renvoi d'une image positive au reste de la population.

Dégradation de l'image de la jeunesse

Autre tort que les médias causent à notre société, et non des moindres, c'est de contribuer à dégrader l'image de la jeunesse dans notre pays. Une société qui peine à placer sa confiance et ses espoirs dans sa jeunesse est une société qui ne peut être optimiste. Or, l'optimisme est déterminant dans la construction de l'avenir de toute société. Obsédés par la crainte de stigmatiser les populations issues de l'immigration, la plupart des journalistes recourent au terme de « jeunes » lorsqu'il s'agit d'évoquer des actes d'incivilité, de violence ou de délinquance commis par des personnes issues de l'immigration. Dans leur dictionnaire, « jeune » a manifestement remplacé « voyou ». Ce tour de passe-passe a, d'ores et déjà, une incidence perceptible sur l'image que la société se fait de la jeunesse. Ainsi, à la question : « Diriez-vous des jeunes, au travers de leurs comportements, de leurs actions dans la société, que vous en avez une image plutôt positive ou plutôt négative ? », 49 % des personnes interrogées répondent qu'elles ont une perception plutôt négative des jeunes[1]. Sollicitée pour

1. Enquête aFev-Audirep « Les Français et les jeunes », réalisée pour le compte de l'Observatoire de la jeunesse solidaire, édition 2010.

analyser les résultats de cette enquête, la sociologue Cécile Van de Velde[1] réagit ainsi : « Les jeunes deviennent pour les autres catégories de la population une “classe dangereuse”, d’ailleurs souvent associée aux jeunes immigrés. »

Elle met par ailleurs en lumière une information qui est à l’exact opposé de celle qui est habituellement véhiculée par nos médias, et qui concerne le regard des personnes âgées : « Le regard est d’ailleurs particulièrement négatif dans les tranches d’âge immédiatement supérieures aux jeunes (à partir de 35 ans) [...], alors que les personnes plus âgées (plus de 55 ans) ont paradoxalement un regard plus positif. »

En réduisant un problème complexe d’insertion-intégration à une simple question socio-économique, les médias accréditent par ailleurs la thèse selon laquelle ces populations extra-européennes sont dans l’incapacité de cohabiter pacifiquement avec le reste de la population. Or, les Français ont de la mémoire. Ils se rappellent parfaitement que les immigrés européens étaient bien plus pauvres, puisqu’ils n’étaient protégés par aucune solidarité nationale telle que celle que les immigrés extra-européens connaissent aujourd’hui.

En justifiant systématiquement des comportements inacceptables, les médias cautionnent une incivilité et une violence qui détériorent chaque jour un peu plus le capital-image des populations de l’immigration, déjà bien entamé.

---

1. Cécile Van de Velde est spécialiste en sociologie comparée de la jeunesse, des âges et des générations en Europe. Elle est la marraine de l’Observatoire de la jeunesse solidaire 2010.

Ces justifications alimentent par ailleurs grandement un sentiment d'impunité dont notre société fait à présent les frais.

Omerta sur le sexisme dans certaines banlieues

Sur la question des violences faites aux filles, et plus généralement aux femmes, de l'immigration, une véritable omerta règne dans les médias, qu'illustre parfaitement l'attaque menée contre le documentaire *La Cité du mâle*[1] qui traite du sexisme. Là aussi les médias en viennent à taire la vérité ou à la relativiser, au prétexte que les femmes de souche européenne seraient elles aussi victimes de violences. Ce qui se déroule dans certaines familles de l'immigration ne ressemble, en aucun cas, à ce que peuvent vivre les femmes européennes. En témoignent les observations de Luc Bronner : « L'ordre social, qui attribue à chaque sexe un rôle déterminé, structure la vie des garçons et des filles. Pour les premiers, elle les cantonne dans l'hétérosexualité – mais leur laisse une assez grande liberté en dehors du registre "romantique" perçu comme une faiblesse, voire un indice d'homosexualité. Pour les secondes, cet ordre social est nettement plus contraignant. "La sexualité féminine, pour être jugée morale, doit être contrôlée et les filles sont constamment sous contrôle, en liberté

1. *La Cité du mâle*, documentaire de Cathy Sanchez, produit par Doc en stock pour ARTE, diffusé le 30 septembre 2010.

surveillée pour les plus libres d'entre elles." » Et Luc Bronner de poursuivre : « "À partir de 12, 13 ans, elles existent d'abord dans le regard des autres". Les jugements sont définitifs. Selon les vêtements portés, selon leur attitude publique face aux garçons, selon leur histoire personnelle, les filles peuvent être qualifiées de "putes" ou "crevardes"[1]. » De nos jours, pour la plupart des médias mais aussi des intellectuels, il est bien plus aisé de dénoncer le sort fait aux femmes à l'autre bout de la planète, que de dénoncer celui subi par des femmes issues de l'immigration extra-européenne, en France !

Les médias sont indispensables à la bonne santé de notre démocratie. Ils ont le devoir et l'immense responsabilité d'informer les citoyens de manière objective.

---

1. Luc Bronner, *La Loi du ghetto*, Calmann-Lévy, 2010.

II

Réhabiliter et restaurer l'école de la République

Avoir rendu l'école et les enseignants responsables de l'échec de l'intégration des enfants issus de l'immigration, voilà une injustice qui est lourde de conséquences. Cette mise en accusation a largement contribué à ouvrir la voie de la contestation, non seulement de l'autorité de l'école et des enseignants, mais aussi du contenu des savoirs, par un nombre sans cesse croissant d'élèves issus de l'immigration extra-européenne.

L'échec scolaire de ces élèves est directement lié à leur crispation vis-à-vis de l'école et des savoirs, ainsi qu'à leur désormais peu d'appétence pour la pratique de la langue française, incarnation par excellence de la société française : « Il n'est pas exagéré d'affirmer que certains ne possèdent pas 500 mots de vocabulaire et sont incapables de comprendre les thèmes abordés en classe[1]. »

1. Iannis Roder, *Tableau noir : la défaite de l'école*, Denoël, 2008. Il est ici question d'élèves de quatrième et de troisième !

Tous les parents de France doivent comprendre que les adaptations et les réformes entreprises dans le système éducatif, qui toutes visent à alléger les exigences dans le but de permettre à un maximum d'élèves d'afficher une progression dans leur scolarité, les concernent également, car elles ont des conséquences directes sur le niveau réel qui sera celui de leurs propres enfants en fin de cursus scolaire. Au demeurant, il convient de s'interroger au sujet de cette approche dont le postulat de base est que certains enfants, en raison de leur milieu ou de leurs origines, ne seraient pas capables de satisfaire les mêmes exigences que les autres enfants. La démocratisation est un objectif louable, mais pourquoi avoir parié d'emblée sur le fait qu'elle ne serait possible pour le plus grand nombre qu'à la condition de revoir les exigences à la baisse ? Nous savons pourtant très bien que « l'excellence est la forme la plus haute de l'égalité » (Condorcet).

Dans un entretien accordé à la revue *Le Débat*, Alain Viala, qui a présidé la commission chargée de réformer les programmes d'enseignement du français, reconnaissait en filigrane que la modification des programmes avait eu pour préoccupation première un public bien précis : selon lui, le « travail sur la langue – vocabulaire et grammaire : travail à mener dès le primaire et au collège et à poursuivre au lycée – » a été entrepris « parce que l'arrivée des nouveaux publics, autrement dit d'adolescents venant de milieux ne leur permettant pas d'avoir une maîtrise suffisante, l'exigeait[1] ». La modifi-

---

1. Entretien avec Alain Viala, « Programmes : comment enseigner le français. Former la personne et le citoyen », *Le Débat*, n° 135, Gallimard, mai-août 2005.

cation des programmes dont il est question ici, introduite en 2000, est celle qui a été tant décriée, accusée à juste titre d'empêcher un grand nombre d'élèves, *a fortiori* ceux de culture étrangère, de parvenir à habiter et à s'approprier une langue présentée comme un simple corps inerte à disséquer.

Les professeurs de lettres Mireille Grange et Michel Leroux déplorent qu'« il arrive trop souvent que le texte littéraire ne soit plus interrogé que dans sa dimension argumentative, au détriment de toute autre. [...] Adieu à l'émotion esthétique, à l'approche des symboles, à la réflexion morale sur la société [...]. Adieu aux leçons de vocabulaire sans lesquelles la pensée végète dans la répétition de ses ornières, adieu, enfin, à la maîtrise de la syntaxe sans laquelle elle s'éparpille et se délite[1] ». Les deux professeurs décrient la pratique de l'analyse linguistique du texte, très desséchante, très complexe et peu utile à l'élève, qui se fait au détriment de la grammaire de la phrase : « Ces leçons s'adressent, hélas, à des élèves qui, rappelons-le, ignorent la nature du verbe, savent encore moins reconnaître un temps et, surtout, échouent à construire une phrase cohérente[2]. » L'enseignement du français dans les grandes classes de primaire et au collège est tout simplement indigeste : « Pourquoi faire simple quand on peut faire compliqué ? En la matière, la palme revient incontestablement au français, dont les programmes exhaustifs et répétitifs prennent un plaisir pervers à

1. Mireille Grange, Michel Leroux, « La pédagogie sens dessus dessous », *Le Débat*, n° 135, Gallimard, mai-août 2005.
2. *Ibid.*

embrouiller l'esprit des élèves, de leurs parents… et parfois de leurs professeurs. L'irruption dans les programmes (et donc dans les manuels) d'un jargon réservé jusque-là aux étudiants de haut niveau fait des ravages depuis 1996. Non seulement des termes effroyablement techniques ont fleuri, mais en plus les manuels en utilisent parfois plusieurs pour désigner la même chose[1]. » L'approche des linguistes, qui a toute sa place dans le cycle de l'enseignement supérieur, doit être pourchassée et éliminée de tous les cycles précédents. Il en va de la maîtrise de la langue française par le plus grand nombre d'enfants, donc tout simplement de son avenir. Sans langue française, le peuple français ne sera plus le peuple français, car la langue n'est pas un banal outil de communication : elle est le véritable véhicule de la pensée, de la vision et de la représentation des êtres humains et du monde. Un enfant éduqué dans la langue française ne verra pas la vie et les rapports avec autrui au travers du même filtre que ceux qui auront été éduqués dans une autre langue. Surtout, sans maîtrise de la langue, l'enfant, ainsi que l'adulte qu'il deviendra, est dépossédé de lui-même et impuissant à mener son existence.

L'idéologie du constructivisme et les méthodes inductives en pédagogie ont largement contribué à creuser l'écart entre les élèves démunis et ceux qui arrivent en classe pourvus d'un bon matelas de connaissances, que leurs parents s'emploient à épaissir pour eux jour après jour. Contrairement à ce qu'affirment les

1. Emmanuel Davidenkoff, *Réveille-toi Jules Ferry, ils sont devenus fous* !, OH ! Éditions, 2006.

promoteurs de cette idéologie, l'élève ne peut être l'acteur de ses savoirs, et il le peut d'autant moins quand il est démuni, car issu d'une famille où ces savoirs ne sont ni maîtrisés, ni même partagés. Les ravages sont encore plus grands sur les enfants éduqués au sein de cultures autocentrées et hermétiques au doute, car les solliciter pour les amener à « redécouvrir la lune » par eux-mêmes les conduit, dans les faits, à s'accrocher encore davantage à leur monde peuplé de vérités intangibles. Deux univers s'affrontent ici : celui des certitudes, qui enferme l'individu dans un monde aux fenêtres closes, et celui du doute, avec son questionnement sous-jacent qui éveille la curiosité, libère la pensée et pousse à aller de l'avant : « Je pense, donc je suis[1] » ; « Le doute est le sel de l'esprit[2] ». Le doute est une des caractéristiques principales de l'esprit occidental auquel l'écrivain Édouard Glissant rendait un vibrant hommage : « La pensée occidentale s'allie somptueusement à la puissance et au désir de découverte. La passion de la découverte est une spécificité occidentale[3]. » Nous voyons là combien ce qui pouvait sembler *a priori* n'être qu'une simple pédagogie a transformé l'école dans sa mission propre. L'école, qui avait pour mission d'émanciper, s'est en effet retrouvée bien

1. René Descartes (1596-1650), scientifique et philosophe.
2. Alain (1868-1951), professeur de philosophie et philosophe lui-même, qui observa et critiqua l'institution scolaire, de l'école maternelle à l'université, les méthodes pédagogiques, et les travers des professeurs et des élèves. Il donna une magnifique formulation de la mission émancipatrice de l'école dans ses *Propos*.
3. Édouard Glissant, émission « Bibliothèque Médicis », 12 mai 2009.

malgré elle à enchaîner, avec les conséquences que nous pouvons à présent mesurer au travers de la dégradation continue de l'intégration.

Des problèmes de compatibilité culturelle entre l'école et la maison

Outre les difficultés auxquelles l'ensemble des élèves se trouvent déjà confrontés, bien d'autres obstacles se présentent sur le parcours de ceux qui sont issus de l'immigration du Sud. Plusieurs problèmes, très difficiles à résoudre, car complexes et exigeant de ce fait une approche transversale, empêchent en effet l'école d'assurer aujourd'hui l'intégralité de sa mission auprès de ces élèves de l'immigration.

En décembre 2007 fut remis au ministre de l'Éducation nationale Xavier Darcos un rapport sur l'école maternelle rédigé par la commission dite Bentolila, du nom du linguiste Alain Bentolila qui la présidait. Ce rapport mettait en avant l'existence d'un « risque transculturel pour tout enfant de migrant ou pour les enfants venus d'ailleurs[1] ».

La commission Bentolila soulevait aussi la question de la compatibilité culturelle entre l'école et la maison pour ces « enfants venus d'ailleurs » : « Il est temps que parents et enseignants s'accordent ensemble, au sein de chaque établissement, sur les termes d'une compatibi-

1. « La maternelle au front des inégalités linguistiques et sociales », rapport au ministre de l'Éducation nationale Xavier Darcos, décembre 2007.

lité culturelle entre l'école et la maison. » Elle affirmait également que « le rapport au savoir des familles est lié à la représentation de l'enfant, de sa nature, de ses besoins, de ses compétences. Mais le rapport au savoir que l'enfant doit habiter pour pouvoir apprendre est celui de l'école française ».

Des observations similaires avaient été consignées, dès 2000, dans les travaux de trois sociologues : « Le savoir est, de plus, lié à la structure psycho-familiale dans le sens où l'enfant identifie le maître comme figure de la continuité parentale ou comme dérivée. Si cette figure s'avère, aux yeux de l'enfant, trop différente, il doit, consciemment ou inconsciemment, décider quel savoir adopter, ce qui peut créer des conflits identificatoires chez certains élèves. Certains enfants issus de l'immigration échouent à l'école parce qu'ils se sentent tiraillés entre leur culture d'origine et la culture qui leur est inculquée en classe ; l'enfant qu'ils sont dans leur famille s'oppose à l'élève qu'ils doivent être à l'école[1]. »

L'école n'est aujourd'hui plus en mesure de jouer le rôle intégrateur qu'elle avait su remplir par le passé. Les parents, pour des raisons de distance culturelle et de non-partage de valeurs, ne marchent en effet plus dans la même direction que les enseignants. Il est très difficile de réussir dans ces conditions. Or, comme le note la sociologue finlandaise Jouni Välijärvi, « on sait que les performances des élèves ont pour moteur le capital

1. Nicole Mosconi, Jacky Beillerot, Claudine Blanchard-Laville, « Formes et formations du rapport au savoir », *Savoir et formation*, L'Harmattan, juin 2000.

culturel et les centres d'intérêt qu'ils apportent de chez eux à l'école[1] ».

Précisons que le comportement de ces parents est rationnel. Ils comprennent en effet très vite que c'est l'école et le savoir qu'elle transmet qui vont contribuer à leur rendre leurs enfants dissemblables.

Comment les élites éducatives ont-elles pu, si longtemps, feindre d'ignorer que le rapport au savoir est intimement lié à la société elle-même, à son histoire culturelle, et que les normes évoquées ici ne sont que la traduction de cette même histoire ? Il est naturel que les parents de l'immigration soient réticents à ce que leurs enfants leur deviennent dissemblables, mais il est pourtant fondamental que leurs enfants, ces élèves, le deviennent afin de s'ouvrir à la culture scolaire, et devenir ainsi perméables aux enseignements que leurs professeurs peinent de plus en plus à leur transmettre, dans une ambiance de résistance grandissante à tout ce qui symbolise la culture française ; l'école étant, à leurs yeux, et à juste titre, le premier de ces symboles. Comment espérer que les parents de l'immigration s'astreignent à laisser leurs enfants s'engager pleinement dans le respect de la culture de l'école de la République, quand tout est mis en œuvre pour la diluer par le biais du différentialisme et du relativisme qui poussent à adapter son regard et ses exigences en fonction de l'origine ethnique et culturelle des enfants et de leurs familles ? Ne l'oublions pas, pendant ce temps, les autres enfants continuent de recevoir, au sein de leurs

1. Jouni Välijärvi *et alii*, in « Rapport mondial de suivi sur l'éducation pour tous », Unesco, 2005.

familles, les éléments culturels fondamentaux qui faciliteront leur progression scolaire. Comment s'étonner ensuite que l'écart se creuse chaque jour davantage ?

Le plus souvent, lorsque les enfants de l'immigration entravent le travail des enseignants, c'est parce que le contact avec l'école de la République révèle des conflits entre leur système de valeurs, qui est celui de leur famille, et celui de l'école. Ces enfants vivent, au quotidien, les affres d'une véritable dissonance identitaire qui les conduit à se dresser contre l'école, mais aussi contre notre société, dans le but de les faire plier et de réduire ainsi le niveau d'intensité de cette dissonance identitaire dont ils sont victimes. De très nombreux enfants de l'immigration souffrent aujourd'hui, non pas de la France et des Français, mais de la discordance entre la culture de leur famille et celle de la société française : « Tiraillés davantage entre la famille et le dehors, leurs enfants risquent d'éprouver plus de difficultés à se faire une place en France et se montrent incapables de s'adapter à l'école ou dans le monde du travail, ce qui aggrave les conflits avec les parents. Quand ils ont, au contraire, pu s'émanciper de leurs parents et se sont bien intégrés en France, c'est au prix d'une rupture avec eux[1]. » Le prix à payer est lourd, extrêmement lourd ! Nous sommes bien loin du comportement des parents de l'immigration intra-européenne qui aidaient leurs enfants à s'insérer puis à s'intégrer. Or, « l'articulation avec la vie publique

---

1. Claudine Attias-Donfut, François-Charles Wolff, *Le Destin des enfants d'immigrés*, Stock, 2009.

est nécessaire dès les premiers pas dans la vie. Seule la famille peut opérer cette articulation[1] ».

Le diagnostic posé était faux, et les traitements mis en œuvre sur la base de ce faux diagnostic ont fragilisé l'école de la République et son corps enseignant.

L'échec scolaire des enfants de l'immigration du Sud est directement lié à la mise en œuvre de l'idéologie du différentialisme, à un moment où il apparaissait pourtant de plus en plus clairement que l'urgence, pour ces élèves comme pour notre société, était de cultiver leur adhésion aux principes et valeurs de la société française, tout au moins à ceux du pacte républicain ; cela pour les aider à obtenir leur passeport de navigation au sein de notre société, mais aussi pour éviter qu'ils ne retournent leur violence contre cette même société. Pour favoriser le vivre-ensemble, le contenu de ce pacte républicain doit de nouveau être transmis, sans la moindre concession, aux enfants issus de l'immigration ainsi qu'à leurs parents. Aujourd'hui, la non-appropriation de ces codes sociaux et culturels se traduit par des comportements qui diffèrent très fortement de ceux qui sont attendus par l'école de la République. Cela, et on peut même parler aujourd'hui d'un véritable refus d'appropriation, rend aux enseignants la mission d'instruction quasi impossible. On le perd systématiquement de vue lorsqu'il s'agit des publics scolaires issus de l'immigration, mais la mission des enseignants est pourtant d'instruire et de transmettre des savoirs pour que la réussite des élèves soit réelle, et non fictive. Le

1. Marie-Claude Blais, Marcel Gauchet, Dominique Ottavi, *Les Conditions de l'éducation*, Stock, 2008.

lien direct entre échec scolaire et distance culturelle a été maintes fois mis en évidence par le passé. Ce qui est impardonnable, c'est que cette mise en évidence a été, au mieux ignorée, au pire mise à profit pour justifier la nécessité d'une migration de la société française vers une société multiculturelle, dans laquelle la culture française devient la variable d'ajustement.

De plus en plus de parents de France sont malheureusement concernés par les problèmes identitaires qui se concentrent sur les enfants de l'immigration et les amènent de plus en plus souvent à perturber le climat au sein des établissements scolaires. Nul n'est désormais à l'abri de voir des élèves au langage atrophié et à la scolarité conflictuelle se retrouver, par la magie de la loi SRU[1] ou du *busing*[2], dans la classe de ses enfants. Il suffit parfois d'un seul élève perturbateur pour plomber l'ambiance de travail d'une classe et en freiner la progression. Il n'est aujourd'hui plus possible aux parents de déléguer l'entière formation de leurs enfants à l'école de la République, car les enseignants sont confrontés à

1. Loi n° 2000-1208 du 13 décembre 2000 relative à la solidarité et au renouvellement urbains, qui oblige les communes à accepter un quota de 20 % de logements sociaux. Le but avoué est d'accroître la mixité sociale, dans le but non avoué de « déghettoïser » les quartiers sensibles… donc de répandre les braises à travers le territoire. Étrange que cette nouvelle méthode d'extinction des feux. Gageons qu'elle amplifiera à terme les problèmes sur le territoire national, puisqu'elle n'a été préalablement accompagnée d'aucun traitement de la source des difficultés.

2. Importé des États-Unis d'Amérique, le *busing* consiste à transporter chaque jour des élèves de quartiers sensibles, par bus, dans les établissements scolaires d'autres quartiers.

des problèmes de discipline chronophages qui les empêchent d'assurer l'intégralité des programmes. « Nous continuons à faire comme si : classe, leçons, devoirs, sonnerie, récréations, interrogations, notes, appels. Mais rien ne va plus vraiment comme ça : cris, bavardages, absences, illettrisme, manque de travail, bagarres, fatigue, écrit Mara Goyet. Il est possible, à force de contorsion, de continuer de penser que tout va bien malgré une poignée d'élèves récalcitrants. Mais il est aussi aisé d'estimer que l'on assiste à un naufrage généralisé. C'est pourquoi, dans le doute, il est parfois plus confortable de se retenir de penser et de recourir aux automatismes intellectuels, aux analyses sommaires, aux causalités rapides et aux accusations mécaniques. [...] Bref, c'est la vie quotidienne qui devient une sanction collective. Alain disait qu'il fallait maintenir l'ordre comme on balaie. Nous sommes loin de cette calme simplicité[1]. »

Il est irresponsable de laisser penser que tout le temps perdu peut être rattrapé ; cela est impossible. L'École ne peut pas tout et les enseignants ne sont pas des magiciens. Tant que les conditions d'instruction ne seront pas de nouveau réunies, les instituteurs et les enseignants ne pourront pas donner la pleine mesure de leurs talents. En faire des boucs émissaires est stérile et contre-productif : « L'école est souvent méprisée et trop de parents la considèrent comme une garderie bien plus qu'un tremplin pour devenir un adulte instruit, cultivé et prêt à vivre de façon autonome. Cette rancœur

1. Mara Goyet, *Tombeau pour le collège*, Flammarion, 2008

envers un système scolaire qui ne permet plus aux élèves d'entrer sereinement sur le marché du travail, de plus en plus de parents la font aujourd'hui sentir aux enseignants. Le nouveau bouc émissaire de l'échec éducatif, c'est le prof. Désormais c'est de sa faute à lui si un élève n'a pas les compétences requises pour accéder à telle ou telle école. Pire, si à la fin de la terminale, un jeune ne décroche pas le bac, c'est que ses professeurs n'ont pas su le préparer comme il le fallait[1] », explique Véronique Bouzou. Nous sommes là face à la redoutable imposture du concept d'ascenseur social, qui laisse entendre aux élèves et à leurs familles que la réussite a quelque chose de passif. Or, la réussite n'a rien de passif. Elle est toujours un long parcours qui exige effort, concentration, force mentale et persévérance. Elle exige un long et lourd engagement des familles dans le projet éducatif de leurs enfants, et même parfois des sacrifices.

Cependant, ni les ratés des différentes réformes de notre système d'instruction ni les ravages du pédagogisme ne peuvent, à eux seuls, expliquer l'échec de l'école dans sa dimension d'espace d'intégration sociale et culturelle pour les enfants issus de l'immigration. Les raisons profondes de cet échec sont exogènes : « Ce que je peux vous dire, c'est que partout en France, dans les établissements scolaires et pas seulement dans les établissements sensibles, les professeurs en ont assez. Ils ne supportent plus cette indiscipline constante, ces insultes, ces mauvais coups, cette impossibilité qui nous est faite actuellement de faire travailler nos élèves. » Et

1. Véronique Bouzou, *Ces profs qu'on assassine*, Jean-Claude Gawsewitch éditeur, 2009.

Bernard Kuntz de lancer un appel au secours : « Alors, à une époque où le président de la République nous parle d'école du respect, on aimerait bien un peu que la société, dans son ensemble, et que le gouvernement, en particulier, prennent de véritables mesures pour faire en sorte que nous puissions recommencer à accomplir la mission pour laquelle nous avons été recrutés, c'est-à-dire instruire nos élèves[1]. »

De même que pour les notions d'insertion, d'intégration et d'assimilation, une clarification de la mission de l'école s'impose. De trop nombreux parents, et pas seulement ceux de l'immigration, n'ont aucune conscience de ce qu'est l'« instruction » et des conditions qui rendent cette dernière possible ou impossible. Et ils ne savent pas non plus que l'éducation de leur enfant est de leur ressort, plein et entier. Il est impératif d'aider les familles à comprendre et à assumer le rôle qui doit être le leur pour rendre la mission d'instruction de l'école de nouveau possible. Le développement intellectuel de l'enfant dépend étroitement du système éducatif familial et des pratiques éducatives familiales, c'est-à-dire des règles de comportement, des habitudes et des valeurs prônées au sein de la famille[2]. L'enseignant pourra bien se démener, jamais il n'obtiendra les mêmes résultats avec un moteur bridé par le milieu familial qu'avec un autre

---

1. Bernard Kuntz, secrétaire général du Syndicat national des collèges et des lycées, au journal de 13 heures de France Inter, le 31 janvier 2008.
2. Jacques Lautrey, *Classe sociale, milieu familial, intelligence*, PUF, 1995.

auquel la famille aura donné la liberté d'exprimer le maximum de ses possibilités.

Un océan sépare les enfants qui ont la chance de naître dans une famille dont les parents sont conscients de leurs responsabilités et sont en capacité de les assumer, et ceux qui voient le jour dans une famille ignorante des exigences qui pèsent aujourd'hui sur tout individu qui évolue dans une société développée. « Même quand ils sont nés en France et ont fréquenté l'école maternelle dans des conditions comparables à celles des autres enfants, les enfants d'immigrés restent particulièrement exposés à l'échec scolaire [...], constate l'Insee. Les enfants d'immigrés, filles ou garçons, obtiennent en français et en mathématiques des scores sensiblement moins élevés que les autres [...]. Dans l'enseignement secondaire, la différence de réussite reste prononcée [...]. Mais cette moindre réussite n'est pas indépendante du fait que les enfants d'immigrés vivent souvent dans un environnement familial qui, par ses caractéristiques objectives, apparaît moins favorable à la réussite scolaire. Ainsi, les deux tiers d'entre eux appartiennent à une famille ouvrière ; une part à peine inférieure a une mère non diplômée ou vit dans une famille d'au moins quatre enfants[1]. » Ce panorama met clairement en évidence le fait que la France est confrontée à un problème qui s'auto-entretient. Il demeurera en effet très difficile à de tels enfants d'atteindre le niveau de développement et d'épanouissement de ceux qui auront connu un environnement bien plus propice à

1. Insee, « Les Immigrés en France », édition 2005.

la réussite. L'hypocrisie qui consiste à laisser croire aux familles qu'une égalité des chances peut être atteinte dans de telles conditions est profondément irresponsable, car elle n'incite pas, bien au contraire, ces familles à jouer un rôle actif dans la construction du destin de leurs propres enfants.

C'est justement parce que les enfants issus de l'immigration rencontrent des obstacles et des résistances au sein de leurs familles que notre société, et cela doit commencer dès l'école maternelle, doit nourrir envers eux autant d'exigences et d'ambition qu'envers les enfants des Français de souche. Et même davantage, car ils doivent développer encore plus d'efforts que les autres enfants pour tenter de combler une partie de leur manque de connaissances et parfois de leur ignorance de la culture française. Il faut aussi, et c'est fondamental, leur construire des attaches affectives avec la culture française, de manière à ce qu'ils ne la rejettent pas et l'apprécient par la suite. C'est surtout au cours des premières années de l'existence que l'on construit ces attaches solides et sincères, grâce aux contes et aux chansons du répertoire enfantin qui puisent leur source dans l'imaginaire et le folklore français. C'est ce qui aidera ces jeunes enfants à changer leur regard sur les autres, et qui éclairera différemment la relation garçons-filles. Dans les faits, cela signifie qu'il est impératif de rompre avec la condescendance et le misérabilisme, et qu'il faut s'appliquer à ne jamais brader le savoir pour ces enfants, et veiller à ce que tout ce qui participe de la culture générale, à commencer par les grands classiques de littérature, leur soit transmis.

C'est dès l'école maternelle que nous devons venir en aide aux élèves qui rencontrent ces problèmes identificatoires qui les conduisent à s'enfermer dans la spirale de l'échec, puis de l'exclusion. Cela requiert une véritable intensification des moyens dans les premières classes (maternelle-CP-CE1). C'est dans ces classes que la plus grande attention doit être accordée à la transmission de la langue française et du référentiel culturel de notre société. Le travail doit s'effectuer en petits groupes afin que les enfants puissent pratiquer la langue. Les enseignants des classes de maternelle doivent pouvoir bénéficier de stages de formation spécifiques et adaptés à la maîtrise des questions liées à la petite enfance. « La spécificité du métier d'enseignant à l'école maternelle est un enjeu d'autant plus important que plusieurs études ont conclu que “la durée et la réussite de la scolarité à l'école primaire dépendent bien davantage du niveau acquis en maternelle que de l'origine sociale (quatre à cinq fois plus)”. À la fin du CM2, “la moitié des inégalités de réussite est due aux différences de compétences présentées par les élèves à l'entrée au CP”[1]. »

Là où le niveau de départ des enfants se révèle insuffisant, l'instituteur doit pouvoir être secondé par un adulte en classe de CP. Il va de soi que l'on doit veiller à transmettre aux enfants le manuel de la lecture qu'est la méthode syllabique, mais cela est loin de suffire. Il faut ensuite que l'enfant puisse avoir rapidement accès aux livres, car l'apprentissage de la lecture est une expérience cumulative. Cela signifie que l'école doit lui

1. Institut Montaigne, « Vaincre l'échec à l'école primaire », rapport, avril 2010.

transmettre le plaisir du contact des livres, si cela n'a pas déjà été fait au sein de la famille, ce qui est malheureusement rarement le cas dans les familles de l'immigration. Les enfants auxquels, tout petits, les parents auront lu des contes, bénéficieront d'un avantage décisif, car ils associeront déjà la lecture au plaisir. Le recours à des associations telles que Lire et faire lire[1] doit pouvoir être favorisé par les pouvoirs publics. C'est dans les premières classes que l'effet de levier est le plus important, et c'est donc bien là que les graines de l'ouverture à d'autres possibles doivent être semées afin d'en maximiser les chances de germination. Venir s'inquiéter du sort de ces élèves à leur entrée en sixième, voire, comble du ridicule, à l'entrée des grandes écoles, dénote une insupportable ignorance de la réalité des difficultés auxquelles ces élèves doivent faire face et des défis qu'ils sont, très jeunes, amenés à affronter.

Au collège, c'est souvent trop tard. Leur personnalité, leur vision d'eux-mêmes, leur vision des autres sont en grande partie formées et déjà figées. Les évolutions apportées à ce stade ne pourront être que dérisoires. La grande majorité ne sera en effet plus réceptive au pacte qui leur sera proposé. « Il existe une forte corrélation entre le niveau de compétences à l'entrée du CP et l'accès en sixième à l'âge normal. Ainsi, les élèves qui sont en difficulté dès leur entrée au CP le sont toujours, dans leur quasi-totalité, par la suite [...]. À l'issue du primaire, 25 % ont des acquis fragiles. Les profes-

---

1. Lire et faire lire, association fondée en 1999 par l'écrivain Alexandre Jardin et le journaliste Pascal Guénée. L'association repose aujourd'hui sur un réseau de 12 000 bénévoles.

seurs de sixième constatent qu'ils lisent trop lentement parce qu'ils déchiffrent mal, ou bien qu'ils déchiffrent correctement mais ne comprennent que très partiellement ce qu'ils lisent, faute des connaissances linguistiques (lexique, grammaire) et culturelles suffisantes, et 15 % connaissent des difficultés sévères ou très sévères. Leurs lacunes sont diverses : lexique très limité, difficultés de compréhension, repères méthodologiques et culturels très insuffisants [...] ; les lacunes initiales ne sont pas davantage comblées. Ces scolarités chaotiques conduiront à de nombreux échecs au collège et à des orientations non désirées ou à des sorties sans diplôme ni qualification[1]. »

Nul besoin d'être devin pour comprendre quels sont les enfants qui se trouvent le plus souvent dans cette situation de défaut de compréhension du français et de grande faiblesse en connaissances culturelles... Le collège n'est que l'étape de la scolarité où explosent tous les problèmes accumulés, quand il n'est plus possible de dissimuler le fait que les apprentissages ne peuvent réussir sans la maîtrise des prérequis.

Nul ne sait aujourd'hui si le socle commun de connaissances et de compétences palliera les inconvénients du collège unique ; c'est dans la durée qu'on juge de l'efficacité ou de la nocivité d'un dispositif. Mais, en l'état actuel des choses, tout porte à croire que ce socle constitue un accord *a minima* et un renoncement à atteindre le maximum pour le plus grand nombre. Ce sont les enfants de l'immigration qui en

1. Haut Conseil de l'éducation, « L'école primaire. Bilan des résultats de l'école 2007 ».

paieront le plus lourd tribut, car la plupart des autres enfants accéderont à bien davantage grâce à leurs parents, qui continueront de « veiller au grain ».

C'est aux véritables sources des difficultés scolaires qu'il faut s'attaquer. Il est inacceptable, et moralement condamnable, de continuer de laisser croire aux familles que nos enseignants de collège et de lycée disposent de baguettes magiques. Cela concourt à empêcher ces familles de comprendre qu'il est impératif qu'elles assument leur propre rôle, dans l'intérêt de leurs enfants et dans l'intérêt de notre société.

Nous sommes en présence de deux univers que tout oppose : d'un côté, des parents qui n'assument pas leur rôle minimal d'éducateurs au regard des normes collectives françaises, qui ne transmettent pas le respect élémentaire dû à l'enseignant et dont les enfants ne disposent même pas des conditions minimales de tranquillité au sein de trop nombreuses fratries ; de l'autre, des parents pour lesquels l'école est centrale et chez qui l'organisation de la vie familiale intègre automatiquement la nécessité de créer les meilleures conditions de respect, de calme et de concentration sans lesquelles l'enfant ne pourra pas progresser. La forte natalité est l'un des problèmes qui ont le plus d'incidence négative sur la réussite scolaire. Le déficit d'attention n'est pas étranger au manque de confiance de ces enfants en eux-mêmes. Or, la confiance en soi est décisive pour aller de l'avant et accepter de développer les efforts incontournables à tout apprentissage scolaire. Si la vie dans les familles ne s'organise pas autour de l'école, ne ménage pas du temps et de l'espace pour les apprentissages individuels à la maison, les enfants sont en danger : cela vaut pour les enfants laissés en déshérence durant des heures entières devant la télévision ou rivés à leur téléphone portable, leur messagerie ou leurs jeux vidéo. Ce phénomène de déshérence touche toutes les couches sociales, et dans de fortes proportions les classes populaires françaises. Malheureusement, les pires travers de notre société ont tendance à être accentués par certaines familles de l'immigration qui cherchent à faire plaisir à leurs enfants, et aussi à ne pas être en reste quant aux signes extérieurs de « richesse » : un poste de télévision dans chaque chambre et autres appareillages ludiques. La plupart des enfants de l'immigration doivent de surcroît subir les conséquences de fratries nombreuses. La ligne de fracture réside entre deux univers que tout oppose : celui du bruit et celui du calme qui procure la sérénité indispensable aux apprentissages : « Il y a les différents objets technologiques qui leur permettent dans les halls de faire profiter les passants de leur musique préférée. Il y a les cris pour s'apostropher, les hurlements pour se parler[1]. »

Le discours sur l'institution scolaire qui serait d'abord et avant tout l'instrument de la reproduction des élites, ou reproduction de l'ordre social, a causé un tort incalculable à notre société, et surtout aux classes défavorisées. Que n'a-t-on plutôt œuvré à leur communiquer, ainsi qu'à leurs enfants, les véritables modalités de la réussite ?

Trop de tabous ont été placés autour de l'échec scolaire des enfants issus de l'immigration. Qui donc a

1. Nadia Butaud, Marie-Cécile Kovacs, *Rapports de classe*, éditions de l'Olivier, 2008.

aujourd'hui intérêt à ce que se perpétuent des mensonges éhontés, soigneusement entretenus et relayés depuis trente ans par de nombreux médias ?

On pourra bien ergoter à l'infini sur les rythmes scolaires à quatre, quatre jours et demi ou cinq jours par semaine, si ces enfants ne dorment pas le quota d'heures nécessaire à leur cerveau pour récupérer et accomplir le travail de mémorisation et d'apprentissage du lendemain, cela n'aura strictement aucune incidence sur le sujet qui nous concerne ici. Il aurait suffi de confronter les résultats obtenus par des écoles à quatre jours et d'autres à cinq jours, à publics comparables, pour comprendre que la variable des rythmes scolaires n'était pas pertinente pour expliquer les difficultés. Le déficit de sommeil de qualité joue par ailleurs un rôle important dans l'agressivité d'un grand nombre d'élèves.

En revanche, le raccourcissement des vacances d'été à six semaines est une mesure qui s'impose. Avec des conseils de classe qui se tiennent parfois dès le début du mois de juin, de trop nombreux enfants voient leur cerveau entrer en hibernation pour trois mois quand d'autres continuent, grâce à leur famille, à le maintenir en éveil, et même à le muscler encore davantage. La longueur des vacances d'été est une hérésie à laquelle il convient de mettre un terme. Seul l'intérêt de l'enfant doit prévaloir.

Comment prévenir incivilités et violences au sein des établissements scolaires ?

La très lucrative économie parallèle rend aujourd'hui quasi impossible pour les enseignants la mission de susciter un intérêt pour le savoir, au sein de nombreux quartiers dits sensibles. Tant que les élèves, et leurs parents, auront sous les yeux des exemples de « réussite » facile, jamais ils ne feront d'effort ; jamais ils ne s'astreindront aux sacrifices que commandent toute éducation et toute instruction. Pire, devenus grands, ces enfants s'engageront à leur tour dans une lutte contre toute présence des forces de l'ordre, afin de pouvoir garder le contrôle des territoires qu'ils ont annexés. Sans engagement ferme de tout l'appareil d'État pour éradiquer ce cancer des trafics en tous genres, les efforts consentis sur le dossier « école » resteront vains.

La violence et les incivilités récurrentes gangrènent aujourd'hui de très nombreux établissements scolaires. Lorsque la sérénité déserte les classes, que les élèves et les enseignants sont habités par la peur et parfois par la terreur, plus aucune véritable transmission des savoirs n'est possible. Qui eût cru que l'école, après avoir constitué un sanctuaire pour des générations d'enfants, deviendrait un jour un lieu potentiellement dangereux ? Aujourd'hui, le premier des défis que notre société doit relever est de faire en sorte que les élèves redeviennent des élèves. Il est urgent de rompre avec l'idéologie de la valorisation des différences, qui a favorisé l'importation au sein de l'école de la République de tensions d'ordre identitaire. Un nombre croissant d'élèves remettent en cause la légitimité de leurs enseignants et celle des savoirs, au motif qu'ils n'appartiennent pas à leur culture. Beaucoup d'élèves issus de l'immigration ne se regardent plus les uns les autres comme des êtres humains, mais comme des membres de communautés. C'est ainsi que les bons élèves de ces milieux sont accusés de vouloir jouer les « céfrans », donc les traîtres à leur communauté, et deviennent à ce titre les têtes de Turc de leurs camarades : « Aussi incroyable que cela paraisse, il est courant que les enfants qui travaillent bien et sont studieux se fassent "tabasser par d'autres à la récré comme lèche-bottes". Certains bons élèves font ainsi des fautes pour ne pas subir de brimades de la part des autres[1] ! » La violence entre élèves est omniprésente. Certains élèves invoquent de surcroît leurs croyances pour se mettre à surveiller le comportement de tous les autres et harceler ceux qui ne leur semblent pas conformes.

Dans un souci d'accommodement avec certaines familles, un nombre croissant de municipalités, bafouant la loi durant la pause méridienne, ont adapté les menus scolaires des enfants, venant ainsi rappeler à ces derniers qu'ils sont avant tout des croyants. En introduisant dans l'enceinte des établissements scolaires les notions de diversité et de multiculturalisme, en prônant la politique des « accommodements raisonnables » par la prise en compte de spécificités religieuses, l'école a réintroduit la pensée et l'exigence religieuse dans

1. Michel Godet, *Le Courage du bon sens*, Odile Jacob, 2007.

l'esprit d'élèves pour lesquels la religion constitue déjà un marqueur identitaire essentiel. Ces derniers ne se comportent plus comme des élèves, mais se réduisent d'eux-mêmes à la sensibilité religieuse de leur famille. Aujourd'hui, la question du voile s'invite de nouveau à l'école, à l'occasion des sorties scolaires dont l'accompagnement est assuré par des mères voilées. Est-il besoin de rappeler que ces sorties s'effectuent dans le temps scolaire et sont partie intégrante du projet éducatif et pédagogique, et qu'elles doivent à ce titre être placées sous le principe de la laïcité ? Comme le précise l'écrivain et enseignant-chercheur Abdelwahab Meddeb, la question du voile n'est pas anodine : « La burqa procède de la prescription du voile et la radicalise. Il n'y a pas de différence de nature ni de structure mais de degré et d'intensité entre burqa et hijâb, lequel est rien qu'en lui-même une atteinte au principe de l'égalité et de la dignité partagées entre les sexes. Tous les réformistes et modernisateurs qui, en Islam, ont prôné le dévoilement des femmes depuis la fin du XIXe siècle, organisent leur discours de persuasion sur ces trois principes (liberté, égalité, dignité)[1]. » Le voile est donc lui-même porteur de sens, et même d'un sens politique puisqu'il attente à des principes politiques fondamentaux de la société française, ceux de liberté, d'égalité et de dignité. En confiant leurs enfants à l'école laïque, de très nombreux parents n'ont strictement aucune envie que ces derniers y soient soumis à la présence du religieux. Ce respect de la neutralité doit être étendu d'urgence, et en

1. Abdelwahab Meddeb, « La burqa et le cercle des idiots », *Le Monde*, 27 décembre 2009.

priorité, à tous les lieux qui accueillent des enfants, comme l'a proposé le député Manuel Valls en réaction au procès intenté à la crèche Baby-Loup : « Il semblerait qu'il y ait un vide juridique et je vais réfléchir à l'idée d'une proposition de loi pour qu'on interdise, comme c'est le cas à l'école, le port de signes religieux distinctifs là où il y a des enfants[1]. »

Pour leur permettre d'être avant tout des élèves et les rendre ainsi entièrement réceptifs aux savoirs, tous les savoirs, la loi avait justement prévu de soustraire les enfants à l'influence et à l'emprise des religions dans le temps scolaire. C'est la laïcité qui, en maintenant l'esprit religieux hors de ce temps, offre à tous les élèves cette distance indispensable à la réflexion et à l'analyse, et c'est elle qui leur offre l'un des rares lieux où ils deviennent tous des semblables. Il convient donc de renouer avec la sagesse et de restaurer le respect de la laïcité.

Comme le souligne, à juste titre, Catherine Kintzler, les raisons qui font de l'école le lieu central de la pensée laïque sont fondée : « C'est en protégeant l'instruction par la *loi* qu'on pourra la rendre indépendante *des pouvoirs*. Il faut donc la protéger des groupes de pression et toutes sortes de "lobbies"[2]. »

La laïcité fut instaurée en France bien avant l'arrivée des vagues migratoires du Sud. Elle doit être respectée de tous, et non pas adaptée, si l'on souhaite œuvrer à ce que ces enfants cessent de se rebeller contre l'école et ses enseignants – les seuls qui peuvent rompre le cercle infernal de

1. Dépêche AFP, « Baby-Loup : Valls propose d'interdire les signes religieux "là où il y a des enfants" », 8 novembre 2010.
2. Catherine Kintzler, *Qu'est-ce que la laïcité ?*, Vrin, 2008.

la reproduction de la misère. Des travaux très intéressants en psychologie cognitive permettent de mieux comprendre les processus qui peuvent se déclencher dans l'enfant et l'empêcher d'acquérir les savoirs qui entrent en compétition avec ce qu'il a déjà appris par ailleurs – dans sa famille en ce qui nous concerne – : « Toutefois, ce qui fait défaut à l'enfant ou à l'adulte peut aussi ne pas être la notion elle-même, mais l'incapacité d'inhiber une autre notion ou stratégie déclenchée par un élément trompeur de la situation et qui, subrepticement, entre en compétition dans le cerveau. Ce n'est pas du tout pareil ! L'apprentissage doit alors porter sur l'inhibition de la notion concurrente et interférente : c'est un apprentissage dit "exécutif". » Le psychologue Olivier Houdé, chercheur en sciences de l'éducation précise : « Il s'agit d'une autre vision de l'erreur, du développement cognitif et de la pédagogie. L'inhibition dans sa forme positive permet au cerveau des élèves de résister aux habitudes ou automatismes, aux tentations, distractions ou interférences, et de s'adapter aux situations complexes par la flexibilité (inhibition/activation de stratégies cognitives en compétition). Le défaut d'inhibition peut expliquer des difficultés d'apprentissage (erreurs, biais de raisonnement, etc.) et d'adaptation tant cognitive que sociale[1]. » Ces travaux mériteraient d'être exploités pour cesser d'ânonner que si un enfant n'engrange pas les notions qui lui sont présentées à l'école, la faute en incombe forcément à l'enseignant et à l'école.

1. Olivier Houdé, « Développement cognitif et cerveau : apprendre l'inhibition », revue *Administration et éducation* de l'Association française des administrateurs de l'éducation (AFAE), mai 2010.

La langue française, une langue étrangère

Aujourd'hui encore, à chaque rentrée scolaire, l'école persiste à proposer aux élèves issus de l'immigration de bénéficier du programme de l'Enseignement des langues et cultures d'origine (ELCO), alors que l'on sait pertinemment et depuis fort longtemps que cet enseignement introduit des freins majeurs à l'intégration, et que le maintien d'un lien étroit avec la culture d'origine favorise l'installation du communautarisme jusque dans l'enceinte de l'école de la République. Voici ce qu'écrit le Haut Conseil à l'intégration dans un récent rapport : « Depuis son premier rapport de 1991, le HCI a toujours préconisé la suppression des enseignements des langues et cultures d'origine tant ils lui paraissent contraires à l'objectif d'intégration[1]. » Au demeurant, défiant toute logique, ce même rapport préconise d'introduire ces enseignements dans le cursus scolaire ! C'est le cheval de bataille qui est déjà enfourché par Jean-François Copé : « Nous avons en France une part importante de notre population qui est issue de l'immigration récente et notamment de l'Afrique du Nord, qui a la culture arabe dans le sang, dans l'âme, et qui est aujourd'hui en France depuis une, voire deux générations, eh bien [ces populations] ont un atout qu'on ne les aide pas à valoriser parce qu'on ne peut pas aujourd'hui faire en sorte que ces familles fassent apprendre l'arabe facilement dans les collèges et les

1. Haut Conseil à l'intégration, « Relever les défis de l'intégration à l'école », rapport au Premier ministre, décembre 2010.

lycées français, parce que les options n'y sont pas présentes partout [...]. C'est à cause de ces réflexions [allusion à la réaction du journaliste Olivier Mazerolle] que tout une partie de la population s'est trouvée en marge de tout : d'exercer son culte, le culte musulman parce que, oh là là, les dérives ; d'avoir, du point de vue culturel, la possibilité de conserver une partie de ses racines [...]. C'est avec ce type d'idées aussi qu'on aura une nation rassemblée[1]... »

Peut-être serait-il utile de rappeler que de nombreux enfants issus de l'immigration sont lourdement handicapés par leur pauvreté en vocabulaire, et que la langue du pays d'origine est souvent utilisée comme marqueur identitaire et pour favoriser l'entre-soi. Nos dirigeants politiques seraient bien avisés d'affecter des moyens financiers supplémentaires à l'apprentissage de la langue française. Pour nombre de ces enfants, la langue française représente en effet une langue étrangère. Ce n'est d'ailleurs pas la langue qu'ils pratiquent à la maison ni dans leur communauté, il suffit de tendre l'oreille dans l'espace public pour le comprendre. Selon le linguistique Claude Hagège, professeur au Collège de France, « la langue est le reflet de la manière dont chacun vit son identité[2] ».

Un travail intensif en petits groupes et le recours au laboratoire de langues seraient loin d'être un luxe. Une langue non pratiquée, et même de plus en plus rejetée,

---

1. BFM TV, émission « La tribune » animée par Olivier Mazerolle, septembre 2009.
2. Claude Hagège, *Combat pour le français*, Odile Jacob, 2006.

n'a aucune chance d'être maîtrisée. Ces élèves issus de l'immigration, même à la troisième et quatrième génération, qui ne possèdent pas la langue française et dont un grand nombre sont dans l'incapacité totale de comprendre les énoncés des problèmes, ont-ils la moindre chance de réussir leur parcours scolaire, puis leur insertion économique ?

Une note d'étude de l'OCDE[1] publiée en 2006 et qui s'appuyait sur les résultats PISA 2003 en mathématiques relevait déjà que les élèves issus de l'immigration qui ne parlent pas la langue d'enseignement à la maison ont tendance à être plus faibles en mathématiques. Comment s'en étonner ? Qui peut en effet penser que, en ne disposant pas d'un niveau de compétence linguistique suffisant pour leur permettre de comprendre les énoncés puis de dérouler des démonstrations, ils pourraient obtenir de bons résultats en mathématiques ?

Cette étude a également le mérite de nous pousser à davantage d'analyse afin de sortir des schémas préétablis et se libérer des idées reçues. Ainsi est-il souligné que, dans la majorité des pays évalués, les résultats obtenus en mathématiques par les élèves issus de l'immigration de deuxième génération sont « significativement inférieurs à ceux de leurs condisciples autochtones ». En France, ils sont 30 % de la seconde génération de l'immigration à se situer en dessous du niveau 2 PISA ; en Allemagne, ce chiffre atteint 40 %. Selon PISA, les

1. OCDE 2006, « Points forts des élèves issus de l'immigration – Une analyse comparative des performances et de l'engagement des élèves dans PISA 2003 ».

élèves qui se situent en dessous du niveau 2 « seront exposés à des défis potentiels considérables en termes de perspectives professionnelles, financières, et de pleine participation à la vie de la société ».

Si cette étude avait été conduite sur la littérature ou les humanités, les idéologues de toute nature en auraient déduit que ces matières sont par essence discriminantes, et ils auraient préconisé leur allégement, voire leur suppression, au lieu d'une attention accrue quant à leur transmission à ces élèves.

Autre enseignement de cette étude, « des écarts de score subsistent entre élèves issus de l'immigration et élèves autochtones, ceci après avoir tenu compte des caractéristiques liées au milieu ». Par ailleurs, aucun lien significatif n'a pu être établi entre « l'effet de regroupement au sein d'un pays et l'écart de performance entre élèves issus de l'immigration et élèves autochtones ». La conclusion est que « la distribution des élèves issus de l'immigration au sein des établissements scolaires ne semble pas exercer d'influence sur la fluctuation d'un pays à l'autre en matière d'écarts de performance entre élèves issus de l'immigration et élèves autochtones ». Le fondement de la loi SRU, qui rejette sur une supposée ghettoïsation l'entière responsabilité de l'échec de l'insertion, s'effondre ici. Cela est en soi rassurant, car de nombreuses élites accréditaient, par leurs discours, l'idée que, lorsqu'elles se retrouvent entre elles, les populations de l'immigration seraient, par essence, incapables de réussir, ni même de respecter leur environnement. J'ai vécu en Algérie. Je n'y ai jamais observé ce qui se passe aujourd'hui en Europe. Le respect envers les adultes et les enseignants régnait partout. Dans mon collège, nous étions environ 400 élèves et n'avions qu'un seul surveillant. Il n'y a pourtant jamais eu aucun problème de sécurité. Ce sujet de la réussite scolaire, du respect de l'institution scolaire, de l'engagement des parents à marcher main dans la main avec les enseignants de leurs enfants, et surtout de regarder dans la même direction qu'eux, est donc bien plus complexe qu'il n'y paraît au premier abord.

Le mot d'ordre : éviter le conflit à tout prix

Tout le monde est tétanisé. Le mot d'ordre est de ne surtout pas stigmatiser ces familles, ces jeunes, ces populations. Une véritable chape de plomb s'est abattue sur la France. Lorsqu'un professeur en vient à appeler à l'aide, très souvent on lui fera comprendre que c'est peut-être lui le problème, et il sera dissuadé de porter plus loin l'affaire. Surtout, pas de vagues. Il arrive que ses confrères participent aussi à le placer sous tension : « Ah, ça ne va pas avec untel ou avec telle classe ? » Sous-entendu : « Moi, ça va ! » Il arrive aussi que des professeurs des établissements de quartiers sensibles finissent par s'approprier la pensée unique et en viennent à modifier leur propre perception de leur métier d'enseignant. Ils participent de ce fait aussi à l'affaissement d'un système dont chacun des repères finit par être abandonné.

Afin d'éviter les tensions et les conflits, les savoir-faire qui peuvent valoriser les élèves sont privilégiés au détriment des connaissances théoriques, les seules pourtant qui structurent l'esprit, servent à apprendre, les seules qui développeront la capacité d'adaptation de l'élève aux problématiques nouvelles. Les élèves formés avec peu de connaissances théoriques deviendront plus tard mono-tâches, peu capables de transformer un savoir-faire en un savoir-être face aux situations nouvelles. « L'homme n'est que ce que l'éducation fait de lui », écrivait Emmanuel Kant.

Aujourd'hui, la mode est à minimiser la complexité des causes de l'échec scolaire, on réduit le problème à une question d'évaluation des enseignants, auxquels la plupart des leviers échappent pourtant ; et l'on imagine que des primes au mérite destinées aux chefs d'établissement amélioreront les choses. L'école est ravalée par le politique à une banale entreprise commerciale.

Pour que les élèves de l'immigration aient une chance de réussir, il est nécessaire de faire d'eux des individus autonomes capables de saisir les perches que l'école, les enseignants et plus généralement la communauté éducative dans son ensemble leur tendent tout au long de leur parcours. C'est pourquoi il faut éviter de favoriser leur renfermement dans leur groupe culturel, qui cherche, lui, en permanence à détruire cette dimension individuelle. Nul besoin de rappeler qu'il faut donc rompre définitivement avec le multiculturalisme et l'approche différentialiste. Il est également nécessaire d'adopter une distance amicale avec ces élèves, de ne pas les tutoyer et de marquer la différence générationnelle, ne serait-ce que par l'habillement, afin d'éviter une familiarité qu'ils interprètent spontanément comme une absence de barrière. Beaucoup des incivilités sont liées au fait que ces enfants n'ont pas appris que l'être humain existait en tant qu'individu distinct du groupe, et qu'on lui devait le respect pour lui-même. L'individu n'existe pas à leurs yeux. Dans l'éducation qu'ils ont reçue, un être ne peut être respecté qu'en tant que membre d'un groupe. La distance interpersonnelle n'existe pas non plus. Ces enfants ont le plus grand besoin que les repères élémentaires de la société française leur soient transmis, afin qu'ils cessent de se comporter en censeurs et rebelles et concentrent leur énergie sur les apprentissages. Cette notion de distance interpersonnelle est propre à chaque culture et traduit de manière très concrète des éléments essentiels des identités respectives.

Des individus autonomes

Les enfants de l'immigration vivent constamment en groupe, ce qui ne leur apprend pas à apprivoiser la solitude – indispensable pour lire, se cultiver et développer une capacité de concentration. Cela concourt à rendre leur parcours scolaire encore plus difficile et chaotique. Il faut privilégier toutes les situations qui favorisent le calme, réduisent les opportunités d'agitation et les empêchent de s'agglutiner. Aussi toutes les situations qui renforcent leurs fragilités doivent-elles être évitées. Voici deux exemples qui montrent à quel point le diable peut parfois se nicher dans les détails : de nombreux enseignants ont pris l'habitude de faire asseoir les enfants de manière à ce qu'ils soient en permanence en groupes. Il faut revenir à une organisation de classe plus classique, qui privilégie la relation élève-enseignant et non pas la relation enseignant-groupe d'élèves. Dans les collèges où cela est matériellement possible, il serait profitable de cesser de faire changer la classe de salle toutes les cinquante minutes. Cette agitation est catastrophique pour la culture de la concentration chez les élèves.

Tout ce qui participe au renforcement de la dimension individuelle doit être déployé. La notation individuelle constitue un puissant facteur d'individualisation. Elle aide grandement l'élève issu d'une culture de groupe à prendre conscience de son caractère singulier et de son évolution propre. Elle l'aide à appréhender la dimension hiérarchique qu'il a beaucoup de mal à respecter avec l'enseignant, car il est éduqué dans un monde de relations horizontales. Seuls les ascendants de son groupe culturel recueillent spontanément son respect, à condition qu'ils soient des modèles de respect dans leur propre culture. L'enjeu est de transmettre à ces élèves, et même de leur imposer, l'obligation du respect indépendamment de l'appartenance culturelle ou cultuelle. La notation sert aussi à inciter l'élève à apprendre sa grammaire, son orthographe, ses règles de calcul… La plupart des élèves, quelles que soient leurs origines, ne s'astreindraient pas aux apprentissages s'ils n'étaient évalués, exception faite des élèves qui ont la chance d'être suivis, au quotidien, par leurs parents ; c'est d'ailleurs le cas des enfants d'enseignants, qui figurent systématiquement dans le palmarès des meilleures réussites scolaires, pour la simple raison que leurs parents connaissent mieux que les autres l'importance essentielle du silence pour permettre la concentration ;

de l'organisation et de la gestion du travail scolaire ; de la persévérance dans les apprentissages ; du repos ; des révisions quotidiennes des leçons ; de la maîtrise des fondamentaux ; des encouragements prodigués à l'enfant ; de l'écoute attentive et affectueuse… Il n'y a aucun mystère, la réussite scolaire ne tombe pas du ciel ! Il faut donc cesser d'entretenir cette illusion aux effets dévastateurs.

Évaluer pour enclencher des actions de soutien

Comment motiver pour le travail scolaire si les repères sont gommés, si les élèves grimpent automatiquement de classe en classe, obtiennent leur brevet des collèges puis leur baccalauréat, sans nécessairement être en mesure d'établir une relation de cause à effet entre leur investissement scolaire et leurs résultats ? Il est indispensable de rétablir un vrai brevet, que les familles utiliseront comme point de repère avant le lycée, et les élèves comme une reconnaissance de leur engagement individuel. Il est aussi urgent de rétablir un vrai baccalauréat. Ce sont les élèves des quartiers sensibles, et plus généralement ceux de l'immigration, qui sont le plus pénalisés par cette détérioration des repères. Les universités et les classes préparatoires aux grandes écoles ont en effet parfaitement su identifier le biais introduit.

À l'opposé, les évaluations à l'école primaire n'ont de sens que si elles ont pour objectif de repérer les élèves qui ne maîtrisent pas encore les fondamentaux, pour déclencher aussitôt l'ensemble des actions qui visent à aider l'enfant. La famille doit être alors sollicitée pour apporter son soutien à l'enfant et pour veiller à lui accorder une attention particulière durant cette phase.

Pour être utiles, les évaluations à l'école primaire devraient se dérouler en tout début d'année, dans les classes de CE1 et de CM1. Les évaluations nationales effectuées en janvier n'ont pas beaucoup de sens, car les enseignants n'optent pas tous pour le même enchaînement dans la transmission des connaissances, et il arrive ainsi que leurs élèves soient interrogés sur des notions qu'ils n'ont encore pas rencontrées. Quant à l'évaluation en CM2, elle n'est pas exploitable : il subsiste en effet trop peu de temps pour venir vraiment en aide aux enfants alors repérés comme étant en difficulté. Faire passer un examen de passage en sixième n'est pas sérieux. Quelle en serait la finalité ? Jeter les 150 000 enfants qui ne possèdent pas le niveau requis ? La seule vision responsable, c'est de se mobiliser depuis la maternelle et pendant tout le primaire, et non d'intervenir, tel un couperet, en fin de CM2.

Il faut mettre en place des classes passerelles, positionnées en renfort, dont la mission serait la remise à niveau des élèves dans les matières où ils peinent pour leur permettre de réintégrer ensuite leur classe régulière. La plupart du temps, un enfant redoublant ne reçoit pas d'aide particulière, on ne fait que lui resservir exactement le même contenu et de la même manière.

Des classes d'excellence

Notre système éducatif doit aider les plus faibles sans pour autant se désintéresser de tous ceux qui détiennent un fort potentiel. Trop d'enfants se voient aujourd'hui négligés, que ce soit dans les quartiers sensibles ou ailleurs. Pour leur donner la possibilité d'exprimer la plénitude de leur talent, il est nécessaire de créer des classes d'excellence au sein des établissements scolaires et ce, dès le CM1. Cela permettrait de les soustraire à ceux qui les dissuadent de s'investir en classe au motif que réussir, ou même simplement faire preuve de curiosité intellectuelle, c'est déjà vouloir être français – ce qui est jugé inacceptable par une très grande proportion d'enfants de l'immigration. Voilà une réalité qu'on a occultée depuis trop longtemps et qui a empêché d'agir sur la source des difficultés.

Au lieu de recourir à l'assouplissement de la carte scolaire, dont il était prévisible qu'elle entraînerait la fuite des meilleurs élèves et précipiterait ainsi les établissements délaissés dans une plus grande détresse, il aurait fallu déployer des classes d'excellence à l'intérieur de ces établissements. La Nouvelle-Zélande, dont le système scolaire peut être comparé au nôtre, avait déjà fait les frais d'une telle approche superficielle du problème, comme le rappelle très justement Éric Charbonnier, expert sur les questions d'éducation à l'OCDE : « En Nouvelle-Zélande, ils avaient un système similaire à la France, ils ont essayé de supprimer la carte scolaire et ils ont vu les inégalités augmenter, car les jeunes qui avaient les meilleurs résultats dans les écoles en difficulté changeaient d'école et la mixité sociale diminuait[1]. » Aujourd'hui, l'administration ne trouve pas mieux que de proposer la fermeture pure et simple des établissements surpeuplés d'enfants à problèmes, au lieu de tout mettre en œuvre pour traiter *in situ* ces difficultés.

Au collège, aider les décrocheurs en recourant à l'alternance

Au collège, dès la classe de quatrième, il peut s'avérer très profitable de recourir, pour certains profils d'élèves décrocheurs, à la mise en place de l'alternance collège-entreprise. Celle-ci peut en effet aider l'élève, en approchant le concret, à renouer ensuite avec la théorie ; l'alternance peut aussi lui permettre de mieux réussir son orientation ultérieure vers des métiers qui auront éveillé sa curiosité. Le lien avec le collège et son cursus généraliste doit être, bien entendu, constamment maintenu. L'ensemble de tous ces dispositifs coûtera cher, très cher. Mais leur coût sera vraisemblablement moindre que celui que représente la sortie du système scolaire, chaque année, de 150 000 élèves sans aucune qualification ni aucun diplôme.

Il faut veiller à ne pas décourager les jeunes générations avec la situation de l'emploi, et à ne pas favoriser la propagation de l'idée selon laquelle l'investissement

1. Éric Charbonnier, France Info, 18 septembre 2007.

scolaire ne servirait plus à grand-chose. Nul ne saurait prédire, quinze ans à l'avance, l'évolution économique et l'évolution des métiers. Mais une chose est certaine : ceux qui auront été le mieux formés disposeront de la plus grande capacité d'adaptation et d'insertion économique.

Assurer la sécurité pour permettre la mission d'instruction

Dans les établissements où règne un sentiment d'insécurité, il ne faut pas hésiter une seconde à nommer un policier référent qui sera présent dans l'enceinte durant les heures de cours. Aucun enfant ne peut étudier s'il se sent en insécurité. Aucun enseignant ne peut donner le meilleur de lui-même s'il se rend dans son établissement une boule à l'estomac. Aussi est-il fondamental de recourir à cette présence policière qui participera à rassurer aussi bien les élèves que leurs parents et enseignants. Envers les élèves qui commettent des dégradations, il faut recourir beaucoup plus souvent à des sanctions sous forme de travaux d'intérêt général. Il est capital d'aider ces élèves à réaliser la gravité de leur comportement, mais aussi de les associer aux réparations. Dans leur univers de culture patriarcale, les garçons n'ont pas appris à faire grand-chose ; ils sont de ce fait incapables d'établir la moindre relation entre l'effort développé et la qualité du travail accompli. Ils ne savent pas s'occuper. Pour les raisons évoquées plus haut, ils ne savent pas rester seuls. À leurs yeux, la vie ne semble possible qu'en groupe. C'est pour cette raison qu'ils « zonent » et « tiennent les murs ».

Parmi les problèmes qui amènent les enfants éduqués dans des cultures étrangères à entraver la bonne marche de la classe, nombreux sont ceux qui ne peuvent être pris en charge par l'enseignant. Il s'agit là de problèmes qui exigent souvent l'intervention et l'aide d'un psychologue, ou parfois simplement d'un personnel infirmier. Il n'est d'ailleurs pas forcément souhaitable que l'élève s'ouvre à son enseignant de ses difficultés personnelles. Ce type de confession peut en effet modifier le regard que l'enseignant porte sur lui, dans le sens où il pourrait, et c'est humain, être pris de pitié et adapter ses exigences en conséquence. Cela ne ferait que desservir ces enfants, dont les clés de la réussite résident dans la capacité à puiser en eux les ressources pour avancer.

La moindre des choses serait que les enseignants bénéficient, de manière systématique, d'une sensibilisation aux caractéristiques du bassin démographique du secteur auquel appartient l'établissement dans lequel ils vont être affectés. Parfois aussi ils auraient le plus grand besoin d'un tutorat, ne serait-ce que pour soulager la pression qui pèse sur leurs épaules. Mais, on l'aura compris, cette sensibilisation ne devrait en aucun cas devenir une adaptation à la culture des enfants de l'immigration. La mission de l'école de la République est d'aider à l'insertion dans la culture française, et non l'inverse. Cette sensibilisation aurait simplement pour but de préparer l'enseignant à la nature des difficultés auxquelles il va être exposé afin qu'il ne soit pas désarçonné dès le premier jour par les élèves ; elle lui fournirait des moyens concrets pour l'aider à garder ou à reprendre la situation en main lorsqu'elle semble lui échapper.

Le règlement des difficultés liées à la réussite scolaire est un traitement de longue haleine. Il devra passer par la prise de conscience de la nécessité de lever tous les obstacles qui empêchent l'école et le corps enseignant de jouer pleinement leur rôle. La baisse alarmante des candidats à la fonction d'enseignant est un signe tangible de la détérioration des conditions d'enseignement. La réhabilitation et la restauration de l'école de la République doivent devenir une priorité.

III

Les parents de l'immigration, ces grands oubliés

Bien qu'ils jouent un rôle de premier plan dans l'échec de l'insertion de leurs enfants, les parents de l'immigration ont été le plus souvent soigneusement tenus à l'écart de la réflexion, et surtout de l'action politique. Sous la pression d'une opinion publique manipulée par les médias et par le monde associatif, nos élites politiques ont préféré opter pour un discours qui responsabilise les enfants, à défaut de pouvoir (vouloir) responsabiliser leurs parents. C'est ainsi que, d'année en année, le poids qui pèse sur les épaules des enfants s'est alourdi et qu'ils sont devenus la cible quasi systématique de la sanction.

La déresponsabilisation des parents de l'immigration

Notre société adopte deux regards bien distincts sur le rôle des parents. Les parents de souche européenne sont considérés comme responsables de l'éducation de leurs enfants, les autres comme ne l'étant pas. Surprenante que cette hiérarchie qui place d'emblée les parents de l'immigration dans la catégorie des irresponsables et des impuissants, comme s'ils étaient différents – entendez, inférieurs. Pourtant, contrairement aux thèses qui sont propagées, les parents de l'immigration ne démissionnent pas de leur rôle de parents. Ils assument pleinement leur rôle d'éducateurs. Il se trouve simplement qu'ils transmettent à leurs enfants leurs propres repères et que ceux-ci ne sont pas toujours, loin s'en faut, ceux de la société française : « Une fois à l'école, ces enfants sont obligés d'acquérir un savoir qui n'est pas celui qu'ils ont rencontré jusque-là dans leur famille. Non seulement ils sont en position de faiblesse par rapport aux enfants de milieux plus aisés, formés dès leur enfance au savoir commun dispensé à l'école, mais ils se sentent également obligés de choisir entre leur culture d'origine et la culture scolaire[1]. »

La thèse selon laquelle les parents de l'immigration seraient dépassés et démissionneraient de leur rôle de parents ne résiste pas longtemps à l'analyse de ce qui se

1. Nicole Mosconi, Jacky Beillerot, Claudine Blanchard-Laville, « Formes et formations du rapport au savoir », *op. cit.*

produit sur le terrain, y compris entre les murs de l'école : « Les parents ou grands-parents sont venus en France porteurs d'un modèle familial qu'ils ont légitimement perpétué et dont une grande partie des jeunes de ces familles sont en réalité incapables de se détacher[1] », explique Iannis Roder. Ce qui a profondément changé entre l'immigration intra-européenne et l'immigration extra-européenne, c'est le refus des parents de cette dernière de laisser leurs enfants adopter les codes du bien-vivre ensemble français que l'école de la République tente de leur transmettre. Les parents de l'immigration intra-européenne encourageaient leurs enfants à respecter les normes collectives issues de la culture française, ceux de l'immigration maghrébine et africaine somment les leurs de respecter les normes collectives issues de leur propre culture, ainsi que l'organisation de leur propre communauté, ce qui se révèle parfois incompatible avec la culture transmise par l'école de la République.

Dans leurs premières années, les enfants apprennent par mimétisme. Aussi, c'est au travers des gestes de la vie quotidienne que les parents transmettent l'ensemble de leurs marqueurs identitaires. Mais ce qui se révèle très grave, pour leurs enfants ainsi que pour notre société, c'est qu'ils leur transmettent également leur ressentiment personnel et leur rejet du mode de vie des Européens. La famille s'adresse à la sphère affective de l'enfant et exerce souvent sur lui des pressions morales, quand elles ne sont pas psychologiques et même

---

1. Iannis Roder, *Tableau noir, op. cit.*

physiques, tandis que l'école s'adresse à la dimension intellectuelle et rationnelle qu'elle entend développer dans le but d'amener l'enfant à devenir un adulte libre, un citoyen responsable, capable d'exercer son esprit critique. Dans des conditions d'une telle asymétrie, les enseignants ne peuvent en aucun cas faire le poids si l'État ne met pas en place toutes les mesures qui dissuaderont ces parents d'entraver le processus d'insertion de leurs enfants.

Les parents de l'immigration sont centraux et non périphériques

Dans les populations dont la culture de groupe est extrêmement forte et où la liberté individuelle n'est pas reconnue, les enfants ne disposent guère de latitude pour déroger à la règle commune édictée par le groupe. Au sein de ces cultures, la relation n'est pas fondée sur le respect, mais sur l'obéissance absolue. Cette règle, les enfants l'intègrent très tôt et placent ensuite d'eux-mêmes les freins à leur propre émancipation, et même à leur propre progression : « Pilier de l'ordre social oriental, la piété filiale est toujours ardente parmi les immigrés, exposent Claudine Attias-Donfut et François-Charles Wolff. Nous l'avons vérifié avec la question suivante, comparant les attitudes des différents groupes d'immigrés envers le devoir d'obéissance aux parents : "Entre ces deux opinions, laquelle se rapproche le plus de la vôtre ? 1. On devrait toujours se comporter en accord avec ce que souhaitent les parents. 2. On devrait faire ce que l'on veut, même si c'est contraire aux souhaits des parents." La première proposition est choisie à 75 % par les Marocains ; 72 % par les Algériens ; 66 % par les Sub-Sahariens ; 27 % par les Européens du Nord [...]. » Et les deux sociologues de poursuivre : « La prescription d'obéissance imposée aux enfants se double d'une demande d'allégeance spirituelle et intellectuelle [...]. La logique de l'individualisation implique de respecter la liberté des enfants et leurs divergences par rapport aux parents. Il en va tout autrement dans les trois pays du Maghreb, au Portugal et en Turquie, où la plus grande partie des parents estime important que leurs enfants pensent comme eux, à plus de 72 %[1]. »

Comment espérer une quelconque égalité de chances entre ces enfants, et les autres que leurs parents auront incités à les dépasser intellectuellement ? Même diplômés, beaucoup de ces enfants de l'immigration continueront en effet de se censurer pour s'empêcher de penser différemment de leurs parents. Il existe une véritable autocastration intellectuelle qui explique d'ailleurs, en grande partie, la difficulté de leur société d'origine à innover et à aller de l'avant. Les générations restent enchaînées les unes aux autres. Ce sont les parents qui possèdent, par délégation du groupe, les clés des cadenas. Même lorsque les parents sont ignares, ils imposent leurs pensées, et surtout leurs immuables certitudes, à leurs enfants. Au vu du poids démographique croissant

1. Claudine Attias-Donfut, François-Charles Wolff, *Le Destin des enfants d'immigrés*, *op. cit.*

que constitue désormais l'immigration extra-européenne en France, cela est évidemment porteur de conséquences dramatiques pour la capacité de la France à demeurer dans le peloton de tête des pays innovants.

En guise d'illustration, voici un témoignage qui expose la manière dont les parents justifient l'obéissance inconditionnelle qui leur est due, selon eux, par leurs enfants : « Les enfants doivent nous rendre ce que nous avons fait pour eux. Parce que c'est moi qui les ai mis au monde. [...] Les enfants, c'est fait pour aider les parents[1]. » Cette réaction n'est pas anecdotique, mais malheureusement très caractéristique de la structure des rapports parents-enfants dans la plupart des familles de l'immigration du Maghreb et d'Afrique. Elle traduit la forte pression morale que les parents exercent sur leurs enfants et qui s'apparente à un véritable harcèlement.

Les parents de l'immigration sont centraux dans la question de l'intégration, et non périphériques comme l'assènent de nombreux intellectuels ou certains journalistes qui colportent toujours les mêmes thèses. Même à l'âge adulte, leurs enfants continueront à se soumettre à la règle de l'obéissance, qui dicte sa loi, y compris sur chaque détail de leur vie : chaque membre du groupe est constamment épié par le reste du groupe. Un phénomène de surenchère permanente éloigne la sérénité et installe, bien au contraire, en l'individu un sentiment obsessionnel de persécution. Cela se traduit concrètement par une propension à considérer un

1. *Ibid.*

simple regard comme une tentative de provocation ou d'agression, propre à déclencher une perte totale de contrôle de soi. Peut-on, dans la société française, se trouver contraint de baisser les yeux, de s'astreindre à ne pas croiser le regard d'autrui et lui dénier ainsi toute existence en tant qu'être humain ? Nous ne serions plus alors dans la société française.

La difficulté de devenir libre

Devenus adultes, ces enfants auront bien du mal à connaître la liberté. « Si nous écartons le sens philosophique ou métaphysique de la liberté, écrit Raymond Aron, celle-ci se définit, analytiquement, par la garantie donnée à chacun de nous qu'il pourra faire ou ne pas faire ceci ou cela sans qu'un autre l'empêche de faire ce qu'il veut faire ou l'oblige à faire ce qu'il ne veut pas faire. Liberté d'expression, liberté religieuse, en bref les libertés personnelles rentrent sous cette définition[1]. » Cette définition est le reflet de l'article 5 de la Déclaration des droits de l'homme et du citoyen : « La Loi n'a le droit de défendre que les actions nuisibles à la Société. Tout ce qui n'est pas défendu par la Loi ne peut être empêché, et nul ne peut être contraint à faire ce qu'elle n'ordonne pas. »

En France, nous sommes bien loin du respect de cet article par les populations issues de l'immigration extra-européenne. Notre société se comporte comme si des

1. Raymond Aron, *Essai sur les libertés*, Calmann-Lévy, 1965.

êtres qui sont issus de peuples qui partagent très peu d'héritage culturel avec le peuple français portaient spontanément en eux les mêmes valeurs de liberté et d'égalité que les Français, du seul fait de leur venue en France. Par quel miracle ? Suffirait-il d'accoster sur les rivages de France, d'atterrir sur son sol pour se trouver aussitôt imprégné des principes et valeurs que le peuple français a lui-même mis plusieurs siècles à conquérir ? Ces valeurs se trouveraient-elles aujourd'hui à l'état de particules en suspension dans l'air ?

Tant que l'État s'évertuera à sacrifier les principes du peuple français, de nombreux parents de l'immigration ne trouveront pas la force de s'obliger à les respecter. La raison en est inhérente au fonctionnement même de leur groupe, qui dissuade toute remise en question des fondements de son organisation sociale. Le groupe ne peut se perpétuer qu'à la seule condition que l'individu s'efface à son profit, ce qui ne va pas sans créer les symptômes de la schizophrénie. Une schizophrénie que l'on pourrait rapprocher de celle que vivait le communiste, telle que décrite par Arthur Koestler : « Le Parti niait le libre arbitre de l'individu – et en même temps exigeait de lui une abnégation volontaire. Il niait qu'il eût la possibilité de choisir entre deux solutions – et en même temps il exigeait qu'il choisît constamment la bonne. Il niait qu'il eût la capacité de distinguer entre le bien et le mal – et en même temps il parlait sur un ton pathétique de culpabilité et de traîtrise[1]. »

1. Arthur Koestler, *Le Zéro et l'Infini*, Calmann-Lévy, 1945.

Dans la recherche des causes de l'échec de l'intégration, et même de l'insertion, délaisser le champ familial pour se concentrer sur celui de l'école et de la société française revient à forer un puits en un lieu où il n'y a pas de pétrole, ou seulement à l'état de traces.

L'absence de socle de reconnaissance de la France

Les parents des précédentes vagues d'immigration, d'origine essentiellement intra-européenne, construisaient un socle de reconnaissance à leurs enfants, c'est-à-dire qu'ils leur transmettaient la reconnaissance qu'ils éprouvaient envers la France qui les avait accueillis. Lorsque les Polonais, les Russes, les Espagnols, les Italiens, etc., arrivaient dans le pays, ils rendaient hommage à la France qui les avaient accueillis et ils veillaient à communiquer à leurs enfants une image positive, alors même que, à l'époque, aucune solidarité nationale n'existait pour favoriser leur insertion dans la société française. Cette reconnaissance aidait leurs enfants à s'inscrire dans le projet français. Pour faciliter l'adoption de leurs enfants par la communauté française, ils s'évertuaient – malgré la souffrance qui était la leur, car il y a toujours souffrance à laisser ses propres enfants devenir dissemblables – à ne surtout pas contrarier le travail de l'école de la République, mais, bien au contraire, ils le facilitaient en imposant à leurs enfants le respect des représentants de la société française que sont les enseignants de la République. Bien que leur culture possédât les mêmes racines que la culture française, ils francisaient les prénoms de leurs enfants. D'instinct, ils comprenaient et acceptaient cette nécessité de minimiser les différences afin que l'adoption ou la cooptation, par toute communauté autre que la sienne, puisse se produire.

Aujourd'hui, la donne a complètement changé. Malgré les efforts financiers considérables que l'État consent aux populations de l'immigration – que l'État soit incarné par la gauche ou par la droite –, de nombreux parents de l'immigration construisent dans l'esprit de leurs enfants l'image d'une France hideuse, une France excluante qui n'en fait jamais assez à leurs yeux, et donnent des Français une image dont ils ne doivent en aucun cas s'inspirer. Ces parents refusent de construire à leurs enfants ce socle de reconnaissance sans lequel aucune intégration, ni même insertion, ne peut être obtenue. La démarcation est de plus en plus forte, que ce soit par le rejet de la pratique de la langue française et le recours à la langue de leur pays d'origine, ou bien au travers du style vestimentaire. Dans le même temps, les parents éduquent leurs enfants dans un respect quasi religieux de leur pays d'origine, de ses mœurs et coutumes. Le pays d'origine devient le vrai pays de leurs enfants, alors que c'est l'incapacité de ce pays à leur offrir des perspectives d'avenir qui les a poussés à l'exil. Leur pays n'a rien fait pour eux ni pour leurs enfants. Pourtant tous l'adulent, et ils ne se privent pas de saisir chaque occasion pour le signifier de manière souvent ostentatoire. La France leur a donné tout ce qu'ils possèdent. La France les prend en charge lorsqu'ils en sont incapables. La France finance les études de leurs enfants, et pourtant combien la respectent et respectent ses principes et ses valeurs ? Preuve s'il en fallait encore que jamais l'amour ne se décrète, ni ne s'achète !

Devant la très grande difficulté d'insertion des personnes d'origine maghrébine et africaine – puisque ce sont ces vagues migratoires qui posent désormais question à la France ainsi qu'à tous les pays de culture européenne –, notre classe politique s'est appliquée à venir régulièrement menacer les valeurs et symboles de la République. Dans ces circonstances, pourquoi les immigrés ou leurs descendants consentiraient-ils à respecter les valeurs qui fondent l'identité du peuple français si le signal de leur inadéquation, voire de leur abandon, leur est envoyé ? Là encore, le comportement des populations de l'immigration est rationnel. C'est celui des élites qui ne l'est pas. Un enseignant réussirait-il à transmettre les savoirs à ses élèves s'il leur répétait régulièrement que les examens pourraient être allégés de manière à laisser de côté les sujets qui ne leur plaisent pas ou qui leur posent difficulté ? (Par parenthèse, c'est aussi la pente prise par l'Éducation nationale.)

La seule voie qui peut conduire à ce que les immigrés et leurs descendants finissent un jour par respecter les valeurs qui structurent la vie en société en France, c'est d'affirmer définitivement que ces valeurs ne bougeront pas et qu'il faudra les respecter, faute de quoi leur transgression entraînera des sanctions. Dans l'intérêt de leurs enfants, et aussi dans l'intérêt supérieur de la nation, les parents de l'immigration doivent être placés face à leur responsabilité, d'autant plus qu'ils sont porteurs de cultures dans lesquelles le groupe les a déresponsabilisés en les dépouillant de la maîtrise de leur destin. Les responsabiliser individuellement, c'est les obliger à construire, peu à peu, la dimension individuelle qui leur fait défaut et qui est au cœur de l'échec d'insertion que nous observons.

La condition de la femme, reflet de l'identité

Aucun autre sujet que celui de la femme, du regard que l'on porte sur elle, du degré de liberté qu'on lui consent, de la place qu'on lui octroie au sein d'une communauté, nc peut mieux mettre en lumière le ressort de l'identité d'un groupe. Aucun autre sujet ne peut mieux illustrer la difficulté du processus d'intégration qui doit conduire un non-Européen à s'intégrer à un peuple de culture européenne. La condition faite à la femme dessine, de manière concrète, le gouffre qui sépare une majorité des personnes issues de l'immigration récente et les Français de culture européenne. Aucun autre sujet ne peut mieux mettre en lumière la capacité de la personne à s'émanciper de la tutelle de son groupe pour développer l'effort que commande toute insertion dans une société culturelle autre que la sienne. Aucun autre sujet que celui de la femme ne peut aussi facilement mettre en évidence la réussite ou l'échec de l'intégration à la communauté française. Selon l'anthropologue Emmanuel Todd, « au cœur du système familial, le statut de la femme, bas ou élevé, est essentiel. D'abord, parce qu'il définit en lui-même un aspect de l'existence sur lequel les peuples ne sont guère prêts à transiger. Ensuite, parce que l'échange des femmes est, lorsque deux groupes humains entrent en contact, un mécanisme anthropologique fondamental : s'il se produit, il implique une dynamique d'assimilation ; s'il est refusé, une trajectoire de ségrégation[1] ».

C'est la question de la femme qui révèle tout de la construction sociale, du regard qui est porté sur l'être humain et du contenu des valeurs de liberté, d'égalité, de fraternité et de laïcité. Comme l'ont observé les sociologues Horia Kebabza et Daniel Welzer-Lang, « dans le contexte migratoire, les parents émigrés-immigrés exigent de leurs enfants une rigueur comportementale relativement forte, mais cette rigueur s'exerce différemment et ne produit pas les mêmes effets pour les filles et les garçons, en raison de la différence des rôles sexués et de l'investissement différencié des espaces publics et privés [...] ». Les deux sociologues mettent en lumière le fait que « la question du contrôle des femmes par les hommes n'est pas seulement une affaire privée, c'est un acte social dont les hommes ont à répondre devant leur communauté tout entière. Il existe une pression sociale sur les hommes qui ne savent pas "tenir leurs femmes", et par ricochet sur les mères qui ne savent pas "tenir leurs filles". Ce sont les mères, véritables agents de "dressage", qui sont chargées de ce travail[2] ».

---

1. Emmanuel Todd, *Le Destin des immigrés*, Le Seuil, 1994.
2. Horia Kebabza, Daniel Welzer-Lang, « Jeunes filles et garçons des quartiers : une approche des injonctions de genre », rapport réalisé pour la Délégation interministérielle à la Ville, septembre 2003.

La démographe Maryse Jaspard, qui a conduit une large enquête sur les jeunes de 18-21 ans en Seine-Saint-Denis, a observé que le cadre familial est dur pour les filles et qu'« il n'y a pas de liens significatifs entre les niveaux de violences subies et l'appartenance sociale. *A contrario*, il semble qu'il y en ait un avec le pays de naissance des filles et de leurs parents[1] ».

Ce que nous observons au sein des sociétés européennes n'est pas le produit d'une évolution intrinsèque de ces sociétés, mais bien d'une importation de modèles de société, qui n'aurait jamais pu voir le jour sans le concours d'élites politiques, intellectuelles ou médiatiques qui ont déployé une énergie phénoménale pour étouffer cette réalité dans un débat qui n'a, depuis fort longtemps, plus rien de démocratique. À défaut de débat sur cette inquiétante évolution sociale, nous avons eu droit aux bons offices de quelques *idiots utiles*, des stars du cinéma ou de la chanson, exploitant honteusement leur notoriété à des fins supposées d'humanisme, alors qu'elles participaient en réalité à installer les conditions d'un repli, puis d'un enfermement de ces populations dans leur communauté culturelle d'origine. Les racistes sont ceux qui ont menti à ces populations, évitant soigneusement de leur transmettre, ainsi qu'à leurs enfants, les codes qui permettent la réussite dans notre société. Ils ont de ce fait largement contribué à maintenir ces populations dans une position d'infériorité sociale et de vulnérabilité.

1. Maryse Jaspard, « Enquête en Seine-Saint-Denis » pour le conseil général de Seine-Saint-Denis, 2007.

Dans son étude en Seine-Saint-Denis, Maryse Jaspard relève le rôle décisif que jouent les mères dans ce processus d'asservissement des femmes. Loin de n'être que de simples courroies de transmission, elles deviennent à leur tour des agents actifs. Ce sont aussi les femmes qui perpétuent la tradition de barbarie à l'état pur que constitue l'excision. C'est sur elles que repose, au sein du groupe, la responsabilité de faire subir à leurs propres filles le sort qu'elles ont elles-mêmes eu à subir. Le comportement de ces femmes est malheureusement parfaitement rationnel. Il s'agit, pour elles, de maintenir leur propre statut au sein du groupe. Cette volonté surpasse les sentiments qu'elles peuvent éprouver pour leur progéniture. Mais une autre raison, bien plus terrifiante, est que beaucoup, sous l'effet d'une éducation qui s'apparente à un lavage de cerveau, ont fini par intérioriser, puis par s'approprier tout à fait les conceptions de la femme qui leur sont hostiles. Quel regard la société française porterait-elle sur des femmes de souche européenne qui maltraiteraient ainsi leurs filles ? Pourquoi cette différence dans le regard et dans les exigences ?

Pour aider ces femmes à sortir d'un enfer qu'elles contribuent elles-mêmes à perpétuer, il est indispensable de les responsabiliser et non de les victimiser. Chaque être humain doit être considéré comme un individu à part entière et répondre de ses actes devant les lois françaises. C'est la seule voie qui mènera ces femmes, puis leurs groupes, à respecter la signification d'être humain au sens où l'entend la société française. C'est en considérant que l'autre est libre, même s'il ne l'est pas, qu'il s'astreindra à briser ses chaînes pour devenir un être libre et responsable de ses actes. C'est dans ce sens qu'il nous faut penser le chemin d'accès à la liberté, et certainement pas par le biais d'une approche victimaire qui conforte l'individu dans son statut de soumis ou d'esclave. Qu'est-ce qu'un esclave, sinon un être privé de liberté et privé des clés de son propre destin ? L'esclavage est loin de se résumer à la seule exploitation physique.

Le tabou de la natalité

Cocorico, les Françaises sont les championnes européennes de la natalité. Ce cri de joie, que lancent les journalistes à chaque publication annuelle de l'Insee sur la démographie française, augure-t-il un accroissement des problèmes d'insertion et d'intégration ? À quels enfants allons-nous laisser la France[1] ? Cette interrogation est légitime au vu des difficultés croissantes d'insertion et d'intégration que nous observons sur le terrain.

« Parmi les familles très nombreuses de quatre enfants ou plus, le taux de pauvreté progresse très vite avec le nombre d'enfants, pour dépasser les 20 % avec cinq enfants et approcher les 40 % lorsqu'il y a six enfants. L'on sait moins que parmi les familles pauvres de quatre enfants et plus, près de la moitié est d'origine étrangère non européenne, et, comme le relève aussi le

---

1. Inspiré de Jaime Semprun, « À quels enfants allons-nous laisser le monde ? », dans *L'abîme se repeuple*, éditions de l'Encyclopédie des nuisances, 1997.

rapport du CERC (2004), "dans près de la moitié de ces ménages aucun adulte n'a d'emploi ; trois chefs de ménage sur quatre sont sans diplôme"[1]. »

« La proportion de jeunes issus de l'immigration atteint 37 % en Île-de-France, 23 % en Alsace, 20 % en Rhône-Alpes[2]. »

« En 2005, les plus fortes concentrations départementales sont donc en Île-de-France avec en tête, la Seine-Saint-Denis (57 %), puis Paris (41 %), le Val-de-Marne (40 %) et le Val-d'Oise (38 %) [...]. L'implantation de jeunes d'origine subsaharienne était quasi inexistante à la fin des années 1960 (toujours moins d'un demi-point de pourcentage). Elle a beaucoup augmenté, particulièrement en Seine-Saint-Denis où plus d'un jeune sur six en est originaire en 2005[3]. »

« Le nombre d'enfants des immigrés varie fortement selon leur appartenance religieuse. Ainsi, compte tenu des résultats précédents, il n'est pas étonnant de constater un plus grand nombre d'enfants parmi les musulmans (4,73) que parmi les catholiques (2,55) ou les adeptes des autres religions[4]. »

---

1. Michel Godet, Évelyne Sullerot, *La Famille : affaire privée et publique*, La Documentation française, 2007.
2. Bernard Aubry, Michèle Tribalat, « Les jeunes d'origine étrangère », revue *Commentaire*, juin 2009.
3. Michèle Tribalat, *Les Yeux grands fermés. L'immigration en France*, Denoël, 2010.
4. Claudine Attias-Donfut, Francois-Charles Wolff, *Le Destin des enfants d'immigrés*, *op. cit.* Précision apportée par les auteurs : les enquêtés qui n'ont pas d'enfants, et qui représentent 10 % de l'échantillon, ont été exclus du calcul.

Cette question de la natalité révèle beaucoup du gouffre culturel qui sépare les familles européennes, chez qui la décision d'enfanter est devenue, avec le temps, une décision de couple prise le plus souvent de façon autonome, et les familles de cultures du Sud. Peut-on parler de décision 100 % individuelle lorsque la liberté individuelle n'existe pas ? Le regard du groupe n'exerce-t-il vraiment aucune influence dans cette décision ? Pas si sûr ! Les enfants permettent très souvent de s'assurer le respect du reste du groupe et par là même une reconnaissance au sein du groupe lui-même. Ils permettent, tout comme le voile, de fournir aux femmes de certaines populations une plus grande possibilité ou permission de sortie. Comme l'écrivent les sociologues Isabelle Clair et Virginie Descoutures dans leurs travaux : « Le port du voile fait en réalité partie des multiples stratégies que les filles mettent en place pour sortir des contraintes sociales dans lesquelles leur sexe les cantonne, à savoir faire la preuve continuelle de leur vertu en mettant le corps des hommes à distance tout en étant continuellement suspectées de ne pas y parvenir[1]. » La conviction transmise de génération en génération selon laquelle c'est l'ordre divin qui pourvoirait aux besoins des enfants n'est pas toujours étrangère à la décision d'enfanter, même lorsque les conditions pour assurer le bien-être et le bonheur des enfants eux-mêmes ne sont manifestement pas réunies. La famille

1. Isabelle Clair, Virginie Descoutures, « Filles et garçons d'un quartier populaire de Paris », Centre de recherches sociologiques et politiques de Paris, novembre 2009.

est-elle vraiment seulement une affaire privée ? Au vu des conséquences de la non-insertion, il est temps que l'État se saisisse de cette question essentielle qui concerne l'avenir de la cohésion sociale.

Dans les sociétés développées, l'attention et les moyens dévolus par les parents au projet éducatif de leurs enfants sont considérables, et une part non négligeable du budget familial lui est consacrée. C'est rarement le cas dans les familles de l'immigration, dont le référentiel n'est pas le même. De ce fait, il est nécessaire de sensibiliser les parents de l'immigration à la réalité des exigences de la société française et à l'ambition du projet éducatif. De façon incontournable, un travail devra également être entrepris sur la question de la natalité au sein de ces familles. L'État devra impérativement se pencher sur cette question centrale de la natalité et mettre en place des mesures sociales qui favorisent le renouvellement des générations, mais pas davantage.

Avec tous les problèmes intrafamiliaux – dont les problèmes identitaires – auxquels les enfants de l'immigration sont confrontés, comment peut-on continuer de rendre responsables de leur échec scolaire l'école de la République et ses enseignants ? Que ne s'est-on posé la question de la capacité d'absorption de la société française, qui continue encore aujourd'hui, comme nous le verrons plus loin, de laisser entrer chaque année sur son territoire plusieurs centaines de milliers de personnes issues des mêmes régions du monde ?

Si l'État était véritablement habité par l'ambition de réduire un peu du gouffre qui sépare les enfants de l'immigration du Sud des autres enfants, alors il devrait en faire la démonstration en révisant les circuits d'aides sociales : il veillerait à ce qu'une partie de ces aides ne passe plus par les familles, mais soit directement versée aux organismes culturels et de suivi scolaire qui s'investiront auprès de ces enfants affectés de monumentales carences. Il faut en effet cibler au plus près le projet éducatif et culturel des enfants afin de les aider à réussir, les aider aussi à briser le cercle infernal de la reproduction de leur propre asservissement.

L'État devrait également rompre avec l'aberration qui consiste à faciliter les transferts d'argent de ces familles vers leur pays d'origine[1]. Il est en effet totalement absurde et inconséquent d'inciter fiscalement les familles de l'immigration à délocaliser leur épargne vers leur pays d'origine lorsqu'elles ont des enfants scolarisés en France. Les fonds transférés[2] sont autant de ressources ôtées au projet éducatif de l'enfant. Quelle hypocrisie alors que d'oser prétendre qu'il existe la moindre possibilité d'égalité des chances !

Cette question de la natalité met également en lumière la terrifiante responsabilité des élites politiques dans le processus de substitution de peuples que l'on

---

1. Loi relative à l'immigration et à l'intégration, dite loi Sarkozy, votée au printemps 2006.
2. Selon un rapport rédigé par Charles Milhaud, « L'intégration économique des migrants et la valorisation de leur épargne », daté de septembre 2006, ces transferts des résidents en France vers leur pays d'origine atteignent la somme de 8 milliards d'euros par an.

observe actuellement en Europe. Elles participent en effet activement au remplacement de leurs peuples par des flux migratoires dans le but de pallier l'insuffisance de la natalité européenne. Elles auraient pourtant pu opter pour la mise en œuvre de politiques actives de relance de cette natalité. Les idées ne manquent pas dans ce domaine : les aides sociales aux familles et pour la garde d'enfants ; les politiques salariales et surtout la protection des femmes dans un monde économique qui se révèle souvent impitoyable pour les mères en devenir. Pour preuve que les élites n'ignorent rien de ce processus de remplacement de peuples, voici les propos tenus en 2006 par le ministre de l'Emploi, de la Cohésion sociale et du Logement du gouvernement de Dominique de Villepin, Jean-Louis Borloo : « Il faut bien que les Français, on ait en tête une chose, c'est que l'avenir du pays se joue là, dans les banlieues. Pourquoi ? Parce que le taux de natalité de ces quartiers est deux fois plus élevé que sur le reste du territoire national[1]. »

Au sein de toutes les institutions européennes, au sein de tous les gouvernements d'Europe, on assiste à une robotisation de la réflexion politique. Peut-on d'ailleurs encore évoquer une quelconque réflexion, lorsque c'est la calculette des économistes et des démographes qui tient lieu d'organe de décision, dicte la marche à suivre au personnel politique et que la seule réponse au vieillissement et à la faiblesse de la fécondité devient l'importation de populations ? Les êtres

1. Émission « Complément d'enquête » : « Banlieues : le feu est-il éteint ? », France 2, 13 mars 2006.

humains se trouvent réduits à l'état de pions sur l'immense échiquier mondial d'intérêts qui leur sont étrangers. Lorsqu'on y réfléchit bien, l'indifférence des élites à l'existence ou à la disparition de leurs peuples a quelque chose de proprement glaçant !

Lutter contre le sentiment d'impunité, prévenir la délinquance

Tout en affirmant que les violences sont inexcusables, la plupart des membres de la classe politique les justifient, arguant qu'elles seraient la conséquence de causes telles que le chômage, la pauvreté, l'habitat ou encore les discriminations dont les Français se rendraient coupables. Leur discours, qui laisse entendre la nécessité de la repentance de la France et l'obligation de corriger les effets du supposé racisme des Français, a pour très grave conséquence de venir renforcer la détermination de ceux des enfants issus de l'immigration qui rejettent la société française. Ces derniers sont à présent profondément convaincus que la France est coupable ; cela les incite à la braver, voire à la rébellion continuelle. L'abandon de la théorie de la victimisation-repentance est une absolue nécessité.

Les personnes issues de l'immigration ne bénéficieraient pas, dans notre pays, des mêmes droits que les Français de souche ? Non seulement c'est totalement faux, mais cela fait même trente ans que, par le biais de mesures territoriales ciblées, l'État leur accorde davantage de moyens qu'aux autres. Ce ne sont pas les territoires majoritairement peuplés par les populations de l'immigration extra-européenne qui sont aujourd'hui les plus démunis dans notre pays. Parmi les territoires les plus pauvres, « les départements ruraux de la Creuse, de l'Aude et du Cantal (entre 13 830 et 13 910 euros). Un fort taux de chômage entraîne en effet les revenus à la baisse. Dans la Creuse, l'Aude et le Cantal, la forte proportion de personnes retraitées, aux revenus en moyenne plus bas que ceux des actifs, induit une baisse globale du niveau de vie[1] », note une étude de l'Insee. Mais qui s'intéresse aux habitants de la Creuse, de l'Aude ou du Cantal ?

Les yeux et l'attention sont rivés sur les territoires soumis à la forte pression migratoire du Sud. Les familles y sont pauvres, et pour cause, puisqu'elles arrivent de pays où elles étaient misérables et que la réussite scolaire de leurs enfants, qui pourrait leur permettre une progression sociale, s'avère très difficile pour toutes les raisons déjà évoquées. Les inclure dans les panels comparatifs français n'a guère de sens. En ce qui les concerne, ce qu'il convient d'analyser est la progression entre le niveau de vie qu'elles avaient dans leur pays et celui qu'elles ont en France. Cette progression est fulgurante. Dans les *Cahiers français,* Benoît Normand nous livre une information très précieuse : « L'enquête nationale sur le logement, réalisée en 2006 par l'Insee, fait apparaître que les conditions de logement des immigrés, en comparaison des autres populations, sont satisfaisantes pour ce qui concerne le confort, mais non pour ce qui concerne le peuplement

1. Laurent Auzet, Magali Février, Aude Lapinte, « Niveaux de vie et pauvreté en France », *Insee Première*, n° 1162, octobre 2007.

du logement, du fait de la plus grande taille des ménages [...]. Le taux d'immigrés propriétaires de leur logement est passé de 34 % en 1992 à 40 % en 2002, les personnes nées françaises étant 56 % à être propriétaires à cette dernière date[1]. » 40 % de propriétaires ! Voilà une réalité que les Français ignorent, et dont les médias prompts à fustiger la France se gardent bien de faire état !

On peine à comprendre ce qui amène les observateurs à nier cette réalité et, pire, à répéter en boucle à ces populations que leur niveau de vie devrait atteindre instantanément la moyenne française. La loi Dalo[2], ainsi que l'ensemble des avantages sociaux et la manière dont ils sont présentés, donne aux migrants et à leurs descendants la conviction profonde que tout leur est dû. Ne pas obtenir ce qu'ils considèrent comme un droit sans aucun devoir crée un sentiment de frustration, qui se mue parfois en haine de la France et des Français.

En fermant les yeux sur des comportements qui consistent à réclamer toujours davantage ; en accédant à ces demandes par crainte des représailles ; en laissant sans réaction les outrages faits à la République, à ses représentants et à ses principes, l'État a implicitement

---

1. Benoît Normand, « Quelle efficacité pour les politiques d'intégration ? », in *Cinquante ans de politiques publiques d'intégration*, *Cahiers français*, n° 352, La Documentation française, septembre-octobre 2009.
2. Loi n° 2007-290 du 5 mars 2007 instituant le droit au logement opposable et portant diverses mesures en faveur de la cohésion sociale.

accordé un droit de déroger à la Loi. Les responsables politiques ne perçoivent pas à quel point ils ont participé à créer une image déplorable des populations de l'immigration. Très régulièrement, ils se succèdent dans les médias pour expliquer aux Français qu'il est nécessaire que l'État donne encore davantage, sous peine de voir se reproduire des émeutes et autres rébellions. Tout comme les médias, ils ont accrédité l'idée selon laquelle ces populations ne sont pas capables de vivre de manière calme et digne sur le territoire français, et cela accroît encore le sentiment de défiance des Français. Que se passerait-il si la France entrait en récession économique sévère ou si la note de la France était dégradée par les agences de notation, contraignant l'État à réduire de manière drastique les perfusions financières sous lesquelles sont placées les familles ? Devrions-nous alors nous attendre à ce que la France soit brûlée et mise à sac ? Souvent, dans le même discours, les responsables politiques exhortent les communes à appliquer la loi SRU, autrement dit à implanter sur leur territoire 20 % de logements sociaux ; ce que les citoyens traduisent aussitôt par « 20 % de population qui ne sait pas s'insérer ni respecter les règles de la République ». Quel parent responsable accepterait spontanément de voir ses propres enfants potentiellement soumis à des comportements asociaux ?

C'est parce que certains se sont plu à toujours tout minimiser et à tout justifier, même l'injustifiable, que nous en sommes arrivés là : une situation où notre société a fini par engendrer des fauves. Une société qui en vient à légitimer la violence ne pourra qu'être un jour balayée par cette violence. Les hommes et femmes politiques ont à présent très peur des fauves qu'ils ont eux-mêmes créés. C'est la peur qui guide désormais leurs prises de position et leurs décisions. Anticipant le plus souvent les demandes, ils reculent en leur sacrifiant l'une après l'autre, en guise d'offrande, chacune des vertèbres de la colonne vertébrale de la France. Si la classe politique agit ainsi, c'est parce que la France est devenue sa variable d'ajustement. Elle l'est devenue parce qu'elle ne semble plus croire depuis longtemps à la France, mais aux territoires optimisés dans la mondialisation. La France est devenue cette variable parce que le peuple français, contraint au silence, ne la défend plus guère, et aussi parce que les Français sont un vieux peuple respectueux de la démocratie. Ils attendent sagement le jour du vote pour tenter d'exprimer, à travers une abstention croissante, leur désaveu de leur classe politique. Or, la violence, c'est malheureusement la seule chose qu'entendent et redoutent les hommes et femmes politiques, et qui guide leur comportement sur ce sujet de l'immigration-insertion-intégration. C'est cela qui constitue le plus grand danger pour notre démocratie, car les citoyens comprennent petit à petit que respecter la démocratie ne paie pas, et que le joyau des droits de l'homme et du citoyen est en réalité devenu une arme de destruction employée contre eux pour entamer le corps politique qu'ils avaient réussi à constituer.

Tout événement tragique survenant dans une banlieue « sensible » est désormais exploité par certains de ses habitants pour déclencher des expéditions punitives contre notre société et ses représentants. En dehors de ces occasions, il suffit de se plonger dans le quotidien des pompiers, médecins ou enseignants de ces quartiers pour prendre la mesure du défi que nous devons tous participer à relever, afin d'éviter la dislocation de la France.

L'impunité dont ont longtemps joui les adolescents et jeunes adultes issus de l'immigration les a renforcés dans leur détermination à affronter la République et ses représentants. Ils savent à présent très bien qu'ils ne risquent pas grand-chose, selon leur propre subjectivité, et la prison est même vécue par certains comme une distinction au sein du groupe, celle d'avoir eu le courage d'en découdre avec l'État ou ses représentants : « Que la gare se trouve loin de son établissement scolaire et qu'un enseignant doive attendre le bus en pleine "zone de non-droit" ne concerne pas les rectorats. Ils se contentent d'attribuer des postes. Aux profs de gérer leurs problèmes… Et des problèmes, on en rencontre ! témoigne Véronique Bouzou. Les professeurs qui prennent les transports en commun pour se rendre dans certains collèges ne sont pas toujours rassurés. Les insultes fusent et, parfois, ils sont victimes d'intimidations. » Elle rapporte l'histoire de l'agression d'une surveillante de collège à un abribus : « Ce genre de situation n'est malheureusement pas exceptionnel. Les jeunes femmes enseignantes demandent désormais à un collègue de les accompagner à la gare en voiture. Elles ne prennent plus le risque de s'y rendre seules à pied. Mais il suffit d'une fois… un soir, tard après un conseil de classe. Et même dans sa voiture, un professeur a parfois du souci à se faire ! Une année, j'enseignais dans un collège dans lequel les élèves attendaient les profs à la sortie pour caillasser leurs voitures[1] ! »

Chaque jour, des élèves refusent d'exécuter le travail demandé par l'enseignant, renversent des tables en classe, bousculent leurs enseignants, les couvrent de bordées d'injures. Où sont leurs parents ? Ce sont eux, les responsables qui n'ont pas transmis à leurs enfants le sens du respect dû à ceux qui ont pour mission de préparer l'avenir. Qu'advient-il quand les enseignants ne sont plus respectés ? Le cerveau de leurs élèves, de manière tout à fait inconsciente, cesse d'engranger les savoirs qu'ils tentent de leur transmettre : dans les faits, c'est comme s'il n'y avait pas d'enseignement. Là encore, comment espérer la moindre possibilité d'égalité des chances ? Cette situation n'est pas l'apanage des établissements des ZUS, même si elle y est bien plus dégradée qu'ailleurs ; mais les élèves issus de l'immigration, parce qu'ils ne partagent pas le même socle culturel que les Français de souche européenne, ont encore plus besoin de l'école pour se construire afin de parvenir à s'insérer un jour dans la société française.

Le rejet des valeurs de la société française aurait dû alerter depuis fort longtemps les élites politiques. Au lieu de cela, elles n'ont eu de cesse de trouver des excuses à l'inexcusable. Cette « couverture incivilités universelle » a créé un effrayant sentiment d'impunité. On sent bien qu'il est urgent que notre société mette en œuvre de véritables sanctions. Une sanction n'est réputée efficace que lorsqu'elle prévient toute récidive.

---

1. Véronique Bouzou, *Ces profs qu'on assassine*, *op. cit.*

Le peuple français a encore la mémoire des précédentes vagues d'immigration. Jamais il ne lui avait été donné d'observer un tel niveau d'incivilités et de violence. Le peuple français est lui-même très régulièrement agressé au travers des outrages faits à son drapeau, à son hymne et à ses principes républicains.

Octobre 2008, la chanteuse Lââm est copieusement sifflée tandis qu'elle entonne *La Marseillaise* lors d'un match France-Tunisie. Les matchs entre la France et le pays de leurs ascendants, celui de leur cœur et de leur âme, sont désormais pour un certain nombre de jeunes issus de l'immigration autant de prétextes pour agresser les Français en outrageant leur hymne. Nous avions déjà connu plusieurs précédents avec le France-Algérie d'octobre 2001 et le France-Maroc de novembre 2007. Mais si Lââm fut tant sifflée, c'est aussi parce qu'elle a été considérée, à cet instant précis, comme « traître à sa race », selon un réflexe aujourd'hui largement répandu dans les populations de l'immigration. Nous sommes là dans un schéma brutal d'opposition « race contre race », où tout geste d'amitié est regardé avec hargne, où toute velléité d'appartenance à un autre peuple que celui de ses ascendants peut déclencher le courroux. Dans ce schéma, l'être humain n'a pas d'existence propre. Il n'est, aux yeux du groupe dont il est supposé faire parti, qu'un bien appartenant intégralement et exclusivement audit groupe. La violence est là, toujours prête à jaillir.

Suite à cet événement, la réaction des hommes et femmes politiques a tourné au concours d'inepties : déplacement des matchs en province ; verbalisation des siffleurs (ces derniers constituaient une proportion considérable du public) ; fin de la diffusion des hymnes nationaux dans l'enceinte des stades. Mais la pire de toutes fut de proposer la désertion du stade par les représentants de la France en cas de sifflets ! C'est pourtant bien la République qui est chez elle partout, et ne devrait céder sous aucun prétexte le moindre pouce de ses territoires. Cette proposition est une prime versée à tous ceux qui souhaitent défier la République. Comble du ridicule, il s'est même trouvé des hommes politiques pour pousser l'outrecuidance jusqu'à exiger des organisateurs ou représentants du monde sportif qu'ils trouvent des solutions pour que la France soit respectée dans les stades, quand eux-mêmes, dont c'est la mission première, ont lamentablement échoué !

Il faut engager une lutte sans merci contre les incivilités, la délinquance et l'économie parallèle, car la très forte implication des enfants issus de l'immigration maghrébine et africaine dans ces phénomènes porte un grave préjudice aux dernières vagues d'immigration, puisqu'elle contribue à dégrader leur image et à instiller le doute quant à leur capacité d'insertion dans la société d'accueil. Naturellement, une image fortement dégradée entraîne la méfiance.

Selon Azzedine Gaci, recteur de la mosquée de Villeurbanne, « en France, 25 % de la population carcérale serait de confession musulmane, alors que les musulmans représentent moins de 10 % de la population nationale. Il s'agit d'une estimation, car, en France, on n'a pas le droit de demander aux détenus leur origine ou leur religion. Cette surreprésentation est très visible dans certaines prisons où le nombre de musulmans peut atteindre facilement 60 à 70 %[1] ».

Une étude s'appuyant sur un échantillon de 4 500 jeunes âgés de 15 à 17 ans, résidant dans les zones géographiques des Mureaux, de Mantes, du XVIIIe arrondissement de Paris et de la banlieue de Nantes, montre, chiffres à l'appui, qu'un adolescent élevé dans une famille originaire du Sahel est sept fois plus impliqué dans les actes de délinquance, et un jeune issu de l'immigration maghrébine trois fois plus, qu'un jeune issu d'une famille française de souche ; que l'implication dans la délinquance s'atténue seulement de moitié en cas de bons résultats scolaires ; et que cette statistique reste vraie dans tous les milieux sociaux, même quand les parents des jeunes issus de l'immigration travaillent et disposent d'une bonne situation[2]. La thèse selon laquelle les jeunes issus de l'immigration seraient d'autant plus impliqués dans la délinquance qu'ils viendraient de milieux pauvres, de parents à faible bagage scolaire, ou encore de structures familiales altérées, ne tient donc pas.

L'incarcération d'un mineur est une arme lourde et très onéreuse, mais elle ne dissuade pas de récidiver. Les délinquants mineurs se révèlent insensibles au sort qui leur est fait, qui constitue, comme je l'ai dit plus haut,

---

1. Azzedine Gaci, « Les prisonniers musulmans ont le droit de vivre leur foi ! », propos recueillis par Walid Mebarek pour le quotidien algérien *El Watan*, 22 mars 2005.
2. Hugues Lagrange, Suzanne Cagliero, Franck Sina, Sandrine Panhalleux, « La mise en danger de soi et d'autrui », OSC/CNRS-Sciences-Po Paris, ALRS, CNS Nantes, septembre 2006.

un élément de valorisation au sein de leur groupe. Ils sont en revanche extrêmement sensibles à tout ce qui touche leurs ascendants. C'est leur véritable talon d'Achille. C'est sur leurs parents, et non sur eux-mêmes, que doit s'appliquer le principe de « tolérance zéro ». Cibler les ascendants contribuera à ramener bien plus facilement dans le rang les délinquants mineurs. Leur sensibilité provient du fait qu'ils sont éduqués dans le strict respect qu'ils doivent à leurs parents. La mère occupe d'ailleurs une position sacrée. En cas de mauvais agissements de leurs enfants, il est donc indispensable que les parents soient placés face à leurs responsabilités. S'il y a dégradations d'ordre matériel, ils doivent être astreints à réparer ou à financer les réparations, sur leur argent propre ou par le biais de retenues sur les aides sociales qui leur sont versées. Eu égard au très grand attrait qu'exerce l'argent au sein de ces populations, cela inciterait les parents et leurs enfants à ne plus récidiver, et enclencherait à terme un cercle vertueux. La sécurité à l'école comme à la ville ne pourra s'obtenir qu'en agissant sur les familles.

Les sanctions appliquées directement aux mineurs doivent, quant à elles, toujours avoir une visée réparatrice et éducative. Elles doivent systématiquement prévoir un accompagnement en vue de réussir une insertion dans la société. Le manque de moyens de notre justice conduit, malheureusement, à ce qu'une majorité de ces peines éducatives ne soit tout simplement pas appliquée. La politique dite de tolérance zéro, si elle n'est pas accompagnée d'un volet éducatif visant à l'insertion, est vouée à l'échec.

Cette politique de « tolérance zéro » a vu le jour aux États-Unis au début des années 1980. Un rapport publié en novembre 2007 par le JFA Institute, cercle de réflexion basé à Washington, montre qu'elle n'a eu aucun impact sur le niveau de criminalité aux États-Unis, qui est resté le même que dans les années 1970. La raison de cet échec réside dans l'inadéquation de la réponse apportée, celle de l'enfermement carcéral, qui ne travaille que sur le très court terme : elle ne se préoccupe pas des actions à développer très en amont, afin de réduire la masse de problèmes à traiter en aval. L'objectif de toute politique de prévention de la délinquance devrait être de tarir ses sources mêmes, et ces sources sont multiples. Il faut également souligner qu'une politique de tolérance zéro qui vise, en ce qui nous concerne, le seul mineur n'atteint pas en réalité le véritable auteur, qui est ici le parent. Et la politique de tolérance zéro présente par ailleurs le défaut majeur d'abandonner la philosophie qui consiste à toujours travailler à identifier les voies qui permettraient à l'être humain d'œuvrer à sa propre réhabilitation. Cette politique n'intègre pas non plus, dans le même temps, la dimension de la dissuasion. Nous le vérifions aujourd'hui en France : la loi sur la récidive, avec l'instauration de peines planchers, est tout simplement impuissante. Il est décisif de comprendre qu'il ne peut y avoir au problème de délinquance qui nous concerne ici de réponse simpliste à effet immédiat. La tolérance zéro qui se traduirait comme par la seule réponse de l'enfermement entraînerait la banalisation de l'enfermement lui-même.

La lutte contre l'économie parallèle et contre tous les types de trafics est essentielle et prioritaire. Le fort taux d'absentéisme enregistré, dès l'école primaire, dans les *territoires perdus de la République*[1], y est en partie lié. Très jeunes, des enfants s'absentent de l'école et jouent le rôle de guetteurs pour le compte de dealers, ce qui contribue à améliorer le train de vie de leurs familles. Après avoir envisagé la suppression des allocations familiales pendant les périodes d'absentéisme, le Parlement a finalement reculé pour ne voter qu'une simple suspension du versement[2]. La possibilité de suspension des allocations familiales était déjà prévue dans la loi pour l'égalité des chances de 2006[3], la décision de suspension revenait alors à la présidence des conseils généraux, et c'est peu dire qu'ils n'y avaient pas souvent recours. Les belles âmes, que compte une ribambelle d'associations, soutiennent que cette mansuétude aide les familles, donc leurs enfants. Malheureusement, elles participent en réalité à couler définitivement ces enfants, donc par ricochet leurs familles et notre société. Ce dont ces enfants ont en vérité le plus grand besoin, c'est que l'État fasse pression sur leurs géniteurs pour que ces derniers comprennent enfin que les enfants, cela ne pousse pas comme des champignons, mais que cela exige une attention et un suivi quotidiens. Cette conscience de la particularité du petit d'homme n'est pas immédiate, loin s'en faut !

---

1. Sous la direction d'Emmanuel Brenner, *Les Territoires perdus de la République*, Mille et une nuits, 2002.
2. Loi n° 2010-1127 du 28 septembre 2010 visant à lutter contre l'absentéisme scolaire, dite loi Ciotti.
3. Loi n° 2006-396 du 31 mars 2006 pour l'égalité des chances.

L'économie parallèle a installé une véritable addiction à l'argent facile. Elle décourage tout investissement scolaire. Comment un enseignant peut-il motiver des élèves à s'astreindre à un long et difficile effort scolaire quand ces derniers ont sous les yeux, au quotidien, de multiples exemples de réussite facile et rapide ? Le succès de la lutte contre ce phénomène dévastateur est un véritable enjeu de société. Sur ce sujet, il est capital de toujours accompagner la privation de liberté de la privation du butin accumulé, sans quoi cette sanction n'aura strictement aucune incidence sur les comportements. Passer quelques années en prison n'est en rien dissuasif lorsque cela n'empêche pas de disposer et/ou de faire disposer à son entourage d'une amélioration substantielle du niveau de vie. Ce problème n'est pas nouveau ; il est même très ancien, et la plupart des partis politiques ont fermé les yeux sur ce qui allait participer à ghettoïser des quartiers entiers dans lesquels la République n'est plus du tout la bienvenue.

Ce problème du trafic de drogue défrayait déjà la chronique en 1980, mais il s'est considérablement aggravé depuis. En février 1980, Georges Marchais avait témoigné de son soutien au maire, Robert Hue, de Montigny-lès-Cormeilles, commune du Val-d'Oise, dans sa campagne contre le trafic de drogue. Il avait dénoncé les argumentations fallacieuses de ceux qui ne voulaient pas dénoncer le problème : « Nous posons les problèmes de l'immigration, ce serait pour utiliser et favoriser le racisme ; nous rechercherions à flatter les plus bas instincts. Nous menons la lutte contre la drogue, ce serait parce que nous ne voulons pas combattre l'alcoolisme apprécié et répandu dans notre clientèle !

Pour la jeunesse, je choisis moi, oui je choisis, l'étude, le sport, la lutte et non la drogue. Alors, comme l'autre jour un dirigeant socialiste, ils crient tous en chœur "pétainisme". Quelle honte ! Quelle honte ! Quelle idée lamentable se font ces gens-là des travailleurs : bornés, incultes, racistes, alcooliques, brutaux, voilà d'après nos détracteurs, qui vont de la droite au Parti socialiste, comment seraient les ouvriers et les ouvrières. De telles attaques ne déshonorent que leurs auteurs et ils ne méritent que le mépris[1]. »

La police doit poursuivre sa mission, qui n'est autre que de faire respecter les lois de la République. La justice ne doit pas venir défaire le travail qui a été accompli par la police, car cela entraîne des conséquences dévastatrices et irrécupérables et renforce le sentiment d'impunité.

Il ne faut pas négliger par ailleurs les troubles psychologiques que l'on rencontre souvent dans ces milieux familiaux, sources de stress important ; ces troubles sont directement liés à des carences affectives et à une éducation qui repose sur d'innombrables interdits. Les enfants ont de ce fait une propension naturelle à utiliser la société française comme défouloir pour réduire leur pression intérieure. La société française leur apparaît, et c'est le cas, comme plus accommodante, compassionnelle et capable d'empathie que leur milieu. Mais attention, ces qualités sont également perçues comme des valeurs féminines, donc synonymes de faiblesse, et donc méprisables au regard de la culture

1. Meeting de Georges Marchais à Montigny-lès-Cormeilles, 20 février 1981, source Ina.fr.

patriarcale dans laquelle ils sont éduqués. C'est pourquoi, pour leur venir en aide, notre société doit accepter de devenir un espace de fermeté intelligent qui ne transigera pas sur les règles du bien-vivre ensemble. Ces enfants auront très souvent besoin du concours de psychologues pour les aider à surmonter les ravages de l'éducation familiale qu'ils subissent, et du problème d'articulation entre leur culture familiale et la culture de la société d'accueil.

Dans *Le Puzzle de l'intégration*[1], j'avais évoqué les conséquences d'une éducation psychorigide où le jeu est inexistant, où la lecture n'est pas valorisée, bien au contraire, puisqu'elle est assimilée à un moyen d'accéder à des éléments culturels rejetés par le groupe, des éléments qui pourraient aussi émanciper.

La lutte contre le sentiment d'impunité, contre la délinquance et les violences aux personnes a échoué. Aucun gouvernement ne s'est révélé capable de protéger notre société ni d'endiguer ce sentiment croissant d'insécurité. Cet échec était prévisible, car il eût fallu mettre en œuvre une politique globale prenant en compte l'ensemble des dimensions du problème, et non pas une politique sectorielle qui a négligé plusieurs de ses dimensions essentielles.

1. Malika Sorel, *Le Puzzle de l'intégration. Les pièces qui vous manquent*, Mille et une nuits, 2007.

IV

L'immigration, terrifiant tonneau des Danaïdes

Quoi que fasse la France, une part importante des migrants des dernières vagues semblent mécontents, de même que leurs descendants. Leur comportement indique qu'ils sont malheureux sur son sol ; même à la troisième génération, bon nombre finissent par la vouer aux gémonies. Leur situation socio-économique s'est pourtant nettement améliorée avec leur arrivée en France : il n'est qu'à la comparer à celle de leurs concitoyens restés au pays pour s'en convaincre. Ils savent tout cela, puisque les contacts ont été maintenus : jamais ceux-ci ne sont demeurés aussi intenses entre les migrants et leurs pays d'origine. Cependant, ils accusent la France et les Français d'être responsables de leur sort, quand ce sont pourtant les conditions qui leur étaient faites par leurs pays d'origine qui ont provoqué leur exil. Des chercheurs évoquent parfois le traumatisme du déracinement qu'ils n'ont pas réussi à surmonter. On se demande bien de quel déracinement il s'agit, comparativement à ce qu'ont vécu les précédentes vagues d'immigration, puisqu'ils ont non seulement partiellement reconstitué leur société sur le sol français, avec leurs mœurs et leurs coutumes, mais, surtout, ils vivent en connexion permanente avec leur pays via les paraboles, le téléphone, l'Internet et des déplacements devenus moins coûteux et plus aisés.

Les flux migratoires

Alors que les hommes et femmes politiques, partout en Europe, ne cessent d'être confrontés aux problèmes de la non-intégration d'une partie non négligeable des populations venues du Sud – non-intégration qui entraîne une crispation grandissante de leurs propres sociétés – ; alors qu'ils ne cessent d'évoquer les problèmes d'insertion et le faible taux d'emploi des populations issues de l'immigration extra-européenne, et la forte baisse d'activité due à une crise économique dont de nombreux spécialistes s'accordent à dire qu'elle sera durable ; ces mêmes hommes et femmes politiques n'ont pas trouvé d'idée plus lumineuse que de créer une nouvelle filière d'immigration de travail, qui ne manquera pas de s'accompagner d'une nouvelle filière d'immigration familiale puisque, selon les textes, les conjoints et enfants bénéficient immédiatement de la carte de séjour qui est délivrée. Cette filière d'immigration nouvellement instituée va créer un appel d'air.

La directive européenne 2009/50/CE[1], mieux connue sous le nom de « carte bleue européenne », a été transposée dans le droit français[2]. Parce qu'elle est devenue quasi impuissante à se saisir des sujets de fond, notre Assemblée nationale a préféré, au même moment, détourner l'attention du public grâce au thème de la déchéance de nationalité française pour les meurtriers de policiers. Comme si cela se produisait chaque jour et qu'il fallait donc légiférer sur ce point. Sans aucunement sous-estimer la gravité de tels actes, je considère que le problème est posé à l'envers. Il faut en effet s'interroger sur les raisons pour lesquelles on a accordé l'identité française à des personnes qui ne portaient pas en elles cette identité, et qui en viennent à déverser leur haine contre tous ceux qui représentent la France à leurs yeux : policiers, pompiers, enseignants…

Voici quelques extraits de la directive « carte bleue européenne » : « La présente directive crée une carte bleue européenne et définit les conditions et les droits de séjour dans l'État membre qui a délivré la carte bleue ainsi que dans les autres États membres. La présente directive a pour but de renforcer les capacités de l'Union européenne à attirer les ressortissants de pays tiers aux fins d'emplois hautement qualifiés. Il s'agit non seulement de renforcer la compétitivité dans le cadre de la

---

1. Directive 2009/50/CE du Conseil du 25 mai 2009 établissant les conditions d'entrée et de séjour des ressortissants de pays tiers aux fins d'un emploi hautement qualifié.
2. Projet de loi relatif à l'immigration, à l'intégration et à la nationalité, présenté le 31 mars 2010 par Éric Besson, adopté en première lecture par l'Assemblée nationale le 12 octobre 2010.

stratégie de Lisbonne, mais aussi de limiter la fuite des cerveaux. Elle consiste à simplifier les procédures d'admission [...]. La directive s'applique aux ressortissants hautement qualifiés de pays tiers qui souhaitent être admis sur le territoire d'un État membre pour une période de plus de trois mois pour un emploi. Elle s'applique également aux membres de leur famille. »

Selon les avocats Guy Castegnaro et Ariane Claverie, « pour atteindre ces objectifs, la directive entend faciliter l'admission des travailleurs hautement qualifiés et de leur famille en instituant une procédure d'admission accélérée, et en leur reconnaissant des droits sociaux et économiques équivalents à ceux des ressortissants de leur État membre d'accueil dans un certain nombre de domaines[1] ». Ce que les élites européennes appellent « hautement qualifié », c'est être titulaire de « tout diplôme, certificat ou autre titre de formation [de niveau] bac+3 minimum d'un institut reconnu comme établissement d'enseignement supérieur par le pays d'origine, ou d'une expérience professionnelle d'au moins cinq ans ».

Chaque année, 150 000 jeunes quittent le système éducatif français sans aucun diplôme ni qualification, et il ne viendrait à l'idée d'aucun responsable politique de se focaliser sur ce volet, de former ces jeunes afin qu'ils puissent pourvoir une grande partie de ces postes à bac+3 ? Nombre de cerveaux français hautement qualifiés, à savoir bac+5 et doctorat, finissent par s'exiler en

---

1. Guy Castegnaro, Ariane Claverie, *La Carte bleue européenne, ou comment attirer les talents ?*, Agefi Luxembourg, juillet 2009.

Amérique du Nord en raison de la reconnaissance de leurs talents, qui est témoignée outre-Atlantique, et il ne viendrait pas non plus à l'esprit des responsables politiques de tout mettre en œuvre pour les retenir ? Alors que leur formation a, il faut le rappeler, représenté un coût élevé pour les contribuables français ? Selon un rapport d'étude de l'Institut Montaigne, « l'accélération de l'émigration scientifique française vers les États-Unis est récente et préoccupante. L'étude des cohortes successives des Français qui émigrent vers les États-Unis depuis les années 1970 montre que les chercheurs occupent une part grandissante parmi eux. S'ils représentaient environ 8 % de la cohorte des expatriés entre 1971 et 1980, cette proportion augmente considérablement à partir des années 1990, de façon beaucoup plus accentuée que chez nos voisins européens, pour atteindre 27 % de la cohorte des expatriés français entre 1996 et 2006[1] ». Toujours selon ce même rapport, « une étude de la cohorte des chercheurs français expatriés aux États-Unis entre 1991 et 2000 montre que ce groupe représente 1,3 % de la population totale des chercheurs en France ».

Non seulement la directive « carte bleue européenne » pénalise les sociétés d'accueil, mais elle porte également préjudice aux sociétés d'origine, puisqu'elle organise de manière officielle la fuite des classes moyennes de ces pays, les seules qui auraient été capables, un jour, de participer à leur redressement ; et je pense là

1. Ioanna Kohler pour l'Institut Montaigne, « Les expatriés de l'enseignement supérieur français aux États-Unis », novembre 2010.

tout particulièrement à l'ensemble du continent africain. Cela contribuera, à terme, à intensifier encore le flux des migrations du Sud vers le Nord. Que serait devenue la France si ses élites intellectuelles et économiques avaient naguère préféré partir vers le Nouveau Monde plutôt que de préparer le peuple à se relever et à se tenir debout ? Les peuples européens sont donc perdants sur toute la ligne !

Édouard Balladur, ancien Premier ministre, prédit que l'Europe à 27 est vouée à l'échec : « Les 27 pays ont des régimes sociaux et juridiques très différents ; nous portons le poids d'un élargissement qui a été décidé trop hâtivement ; la liberté de circulation pour des populations relevant de pays qui ne sont pas capables de contrôler efficacement leurs frontières donne lieu à des difficultés insurmontables [...]. Ce n'est pas mettre la société sous tension que de la placer devant les réalités. La sécurité, la libre circulation en Europe, l'immigration clandestine, sont des problèmes essentiels qu'on ne peut éluder sous prétexte qu'il faudrait laisser l'opinion publique en repos, d'autant qu'elle ne l'est pas, et que les Français sont bien conscients de ce qui est en cause. [...] Nos partenaires devraient être appelés à la lucidité. L'Europe à 27 est vouée à la confusion et à l'échec. Elle souffre de défauts que le traité de Lisbonne n'a pas corrigés [...]. Que faire ? Revenir sur le principe de la libre circulation, ériger de nouvelles barrières[1] ? » Aujourd'hui, au travers du

1. Édouard Balladur, « L'Europe à 27 est vouée à l'échec », propos recueillis par Françoise Fressoz, *Le Monde*, 26 septembre 2010.

concept de « migrations circulaires », les gouvernements européens ainsi que des organisations internationales réfléchissent à l'extension de cette liberté de circulation bien au-delà des seuls ressortissants de l'Union européenne, avec la conviction qu'en disposant de cette liberté de circulation, les résidents des pays du Sud tentés par la migration ne s'établiraient pas définitivement sur le sol européen. Cette naïveté est déconcertante !

Yannick Blanc, ancien directeur de la police générale à la préfecture de police de Paris, très vraisemblablement remercié pour avoir révélé[1] en juillet 2006 à l'opinion publique la réalité du double discours de la politique de l'immigration du gouvernement d'alors, décrypte les mécanismes qui permettent aux flux migratoires d'augmenter : « La logique politique conduit à élever la barrière à l'entrée du territoire, mais la loi multiplie les petites portes d'entrée. [...] Notre "mur" législatif et réglementaire, en plus des petites portes ouvertes à des catégories particulières d'immigrants, comporte aussi une porte battante, qui échappe à peu près totalement au législateur : c'est l'article 8 de la convention européenne des droits de l'homme, qui reconnaît le "droit à une vie privée et familiale normale" [...], explique le haut fonctionnaire. Ce droit n'entraîne pas beaucoup de délivrance de visas, sauf pour les conjoints de Français, mais il donne lieu à la

1. Dans un entretien au journal *Le Monde*, Yannick Blanc révélait que la circulaire du 13 juin 2006 du ministre de l'Intérieur Nicolas Sarkozy entraînerait la régularisation de plusieurs milliers de familles de clandestins.

quasi-totalité des régularisations [...]. La possibilité qu'on a d'obtenir un titre de séjour consiste à rester un certain temps, à fonder une famille puis à faire valoir le droit qu'on a ainsi acquis "à une vie privée et familiale normale" [...]. Le comportement des migrants montre qu'ils connaissent parfaitement cela [...]. Les migrants, quel que soit leur pays d'origine et si désespérés soient-ils, ont un comportement stratégique[1]. »

Parmi les portes ouvertes à l'immigration, le mariage est devenu l'un des plus importants pourvoyeurs de nouveaux entrants. Selon la démographe Michèle Tribalat, « ces mariages dits mixtes d'après la nationalité des époux sont en fait, et dans une proportion importante, à l'origine de flux d'immigration de conjoints de Français, tout particulièrement lorsque le mariage a été célébré à l'étranger ». Ainsi, précise-t-elle « 46 % des mariages dits mixtes enregistrés à l'état civil en France et 56 % de ceux qui ont été célébrés à l'étranger ont suscité ou régularisé une immigration en France en 2006. C'est particulièrement vrai des mariages franco-algériens. J'ai estimé que, pour ces derniers, deux tiers des mariages célébrés en France et la quasi-totalité des mariages célébrés à l'étranger marquaient le début d'une histoire migratoire légale en France[2] ». Citant les travaux de Thierry Xavier, Michèle Tribalat poursuit : « 63 % des demandeurs turcs de regroupement familial en 1993-2005 étaient enfants au moment de leur arrivée

---

1. Yannick Blanc « Le marché mondial de la migration », *Le Débat*, n° 151, Gallimard, septembre 2008.
2. Michèle Tribalat, *Les Yeux grands fermés*, *op. cit.*

en France. On peut donc parler d'un autoengendrement des flux familiaux. »

On est donc en droit de se poser la question suivante : pourquoi de tels mariages ouvriraient-ils systématiquement un droit au regroupement familial en France ?

On connaissait les mariages « blancs », ou mariages de complaisance ; il y a désormais les mariages « gris », phénomène qui prend de l'ampleur, dans lesquels une personne de bonne foi a été abusée. À l'occasion de l'installation de la commission d'enquête sur les mariages gris, le ministre de l'Immigration a tenu à apporter des informations qu'il convient de mentionner, car elles révèlent l'importance des flux migratoires liés au mariage avec un détenteur de papiers d'identité française. Ces informations mettent soudain en lumière une incroyable source des naturalisations : « 273 500 mariages mixtes ont ainsi été conclus en France en 2008. Plus de 100 000 naissances issues de couples mixtes ont été enregistrées la même année, soit 13 % des enfants nés en France, contre 6 % il y a dix ans, a également indiqué le ministre[1]. »

« La France est fidèle à sa tradition républicaine d'accueil et d'intégration des étrangers qui se marient avec des Français ou avec des ressortissants étrangers en situation régulière sur le territoire national, écrit le ministère de l'Immigration dans son communiqué officiel. Après le mariage, ils peuvent obtenir un titre de

1. Source : portail du Gouvernement, « Éric Besson annonce la création d'un groupe de travail sur les "mariages gris" », 23 novembre 2009.

séjour. Au bout de 3 années de vie commune, les conjoints de Français peuvent obtenir une carte de résident de 10 ans. Pour les Algériens et les Tunisiens, le délai de vie commune est d'une année seulement. Au bout de 4 années de vie commune avec un Français, un ressortissant étranger peut obtenir la nationalité française. La France est l'un des quelques pays européens disposant d'une procédure d'acquisition de la nationalité par mariage spécifique et accélérée. Cette tradition républicaine est particulièrement vivante. 30 % des mariages conclus par nos concitoyens sont des mariages mixtes. Le mariage représente aujourd'hui la première source d'immigration en France. Avec 50 000 autorisations de long séjour délivrées chaque année à ce titre, il représente à lui seul près du double du nombre de titres de séjour délivrés à titre professionnel. Le mariage représente aussi l'un des principaux modes d'acquisition de la nationalité française[1]. »

Le point crucial de la question des flux migratoires, c'est un état de fait : la quasi-impossibilité, juridique et matérielle, d'expulser les personnes en situation irrégulière, même lorsqu'elles sont interpellées par les services de police. Là aussi, l'expérience de Yannick Blanc lui permet de bien décrire les multiples possibilités d'annulation des décisions de reconduite à la frontière par les différents acteurs de la chaîne : juges administratifs, juges des libertés et de la détention, autorités consulaires du pays d'origine sans lesquelles aucune reconduite à la frontière ne peut être menée si elles décident de ne

1. Communiqué du ministère de l'Immigration : « Éric Besson réunit des victimes de “mariages gris” », 20 novembre 2009.

pas délivrer de laissez-passer (un moyen fort commode de se décharger ainsi de la responsabilité de ses propres citoyens sur les pays occidentaux. Elles sont grandement aidées en cela par les clandestins, qui détruisent leurs papiers d'identité). Les recours sont nombreux, appuyés par les associations et les mouvements de clandestins qui exploitent toutes les failles du système français. Il résulte de tout cela que seuls 2000 irréguliers ont pu être reconduits à la frontière en 2007 sur un total de 15 000 interpellés, soit un taux de reconduite de 13 %, quand ceux de l'Allemagne et du Royaume-Uni excèdent 80 %[1]. Illustration : « Un retard dans la transposition en droit français d'une directive européenne a déjà profité à des centaines de sans-papiers placés en rétention administrative, qui ont été libérés par des juges et ont échappé à l'expulsion. Selon Serge Slama, expert au Groupe d'information et de soutien aux immigrés (Gisti), la France n'a pas transposé au 24 décembre 2010, date limite, la directive “retour” qui contient de nombreuses dispositions pouvant être invoquées directement devant les tribunaux administratifs ou les juges des libertés et de la détention[2]. » Notons au passage la facilité déconcertante avec laquelle les médias ont substitué le terme de « sans-papiers » à celui de « clandestins ». Cela n'est pas anodin. L'un insinue dans les esprits qu'il leur

1. Élise Vincent, avec les correspondants européens du journal *Le Monde*, « Immigration : la France est-elle la plus stricte ? », *Le Monde*, 5 octobre 2010.

2. Le Parisien.fr, AFP, « Sans-papiers : une directive européenne permet d'annuler les expulsions », 30 janvier 2011.

manque simplement des papiers, alors que l'autre rend compte de la stricte réalité, à savoir du mépris de la loi par celui qui a franchi les frontières d'un État censé être souverain.

Contrairement à d'autres pays européens qui restreignent désormais les flux migratoires, la France a entrepris de signer, en plus de toutes les filières d'immigration déjà existantes, des accords bilatéraux avec les pays sources pour recevoir de nouveaux flux migratoires.

Dépêche Reuters du 25 février 2008 : « Signature d'un accord d'immigration entre Paris et Dakar : concernant l'immigration professionnelle, l'avenant ouvre le marché du travail français aux ressortissants sénégalais dans 108 métiers, qualifiés et non qualifiés, correspondant à des secteurs divers de l'économie et dont la liste a été établie en tenant compte à la fois des besoins de main-d'œuvre de l'économie française et des souhaits exprimés par le Sénégal. » Le ministre de l'Immigration Brice Hortefeux s'est félicité de « cet accord, honnête et transparent, [qui] est le symbole d'une volonté de partenariat entre la France et le Sénégal, où les deux pays prennent en compte les réalités de l'autre[1] ».

Quels sont donc les métiers que l'État français a officiellement ouverts à l'immigration de travail ? La liste est longue. On y trouve, entre autres : « Technicien de la vente à distance – Attaché commercial en biens intermédiaires et matières premières – Cadre de l'audit et du contrôle comptable – Marchandiseur – Opérateur

1. Dakar, 25 février 2008

de formage du verre – Mécanicien d'engins de chantier, de levage et manutention et de machines agricoles – Façonneur bois et matériaux associés (production de série) – Technicien de méthodes-ordonnancement-planification de l'industrie – Dessinateur du BTP – Maintenicien en électronique – Dessinateur en électricité et électronique – Installateur-maintenicien en ascenseurs (et autres systèmes mécaniques) [...][1]. »

Dans la liste complète des métiers que contient cet arrêté, les intitulés pompeux cachent des emplois qui ne sont pas hautement qualifiés et pourraient en réalité parfaitement trouver preneur en France, à niveau de compétence égale ou moyennant la formation de chômeurs peu ou pas du tout diplômés.

Comment peut-on très régulièrement rappeler à tous les Français que le chômage est massif parmi les jeunes et les seniors en général, et chez les populations issues de l'immigration maghrébine et africaine en particulier, et oser dans le même temps signer de tels accords, qui organisent de nouveaux flux migratoires dont une partie concurrencera les chômeurs présents sur le territoire français ? Peut-on se résoudre à l'idée que l'État se révèle incapable de faire en sorte que les emplois actuellement vacants – estimés à environ 600 000 par la Commission croissance qui a été présidée par Jacques

1. Arrêté du 18 janvier 2008 relatif à la délivrance, sans opposition de la situation de l'emploi, des autorisations de travail aux étrangers non ressortissants d'un État membre de l'Union européenne, d'un autre État faisant partie de l'Espace économique européen ou de la Confédération suisse, publié au *Journal officiel* n° 0017 du 20 janvier 2008.

Attali – soient pourvus par des personnes déjà résidentes en France et dépendantes de l'aide sociale ? Pourquoi ces 600 000 emplois sont-ils refusés ? La solidarité nationale, qui s'est transformée en assistanat *via* d'innombrables aides sociales, participe-t-elle encore vraiment de la cohésion sociale ? N'emprisonne-t-elle pas désormais de nombreuses personnes dans une spirale qui les mène à l'exclusion sociale pure et simple ?

Comment ne pas s'inquiéter de la signature de tels accords d'immigration, lorsqu'on sait qu'ils amèneront de nouvelles familles qui à leur tour connaîtront les mêmes problèmes d'intégration, qui viendront amplifier ceux auxquels nous peinons déjà à faire face ? Car ce sera le cas, à n'en point douter ! Pourquoi l'État poursuit-il toujours sa politique immigrationniste quand il reste impuissant à résoudre les problèmes d'insertion et d'intégration qui constituent pourtant l'urgence absolue de la France ? Pourquoi la classe politique ne veut-elle pas comprendre cela ? Pourquoi ne considère-t-elle pas qu'elle a une obligation morale envers les Français ?

Un rapport sur l'immigration, commandé par le ministre de l'Immigration Éric Besson, a curieusement été passé sous silence. Il s'agit du rapport de l'économiste Gilles Saint-Paul, qui met en évidence les conséquences de l'immigration sur les natifs. Il cite, entre autres, une étude récente de l'économiste américain, professeur à la Harvard Kennedy School, George J. Borjas, qui a observé le marché du travail américain, selon laquelle il existe « un impact relativement fort d'une hausse de l'offre de travail d'un groupe sur le salaire et l'employabilité des membres de ce groupe. Ainsi, une hausse de l'offre de 10 % réduit le salaire hebdomadaire de 4 %, le salaire annuel de 6,4 % et la fraction du temps passé dans l'emploi de 3,7 %. Borjas conclut son étude en affirmant qu'entre 1980 et 2000, l'immigration aurait accru l'offre de travail d'environ 11 %, ce qui aurait réduit le salaire des natifs d'environ 3,2 %, et que cette réduction frappe la plupart des catégories d'expérience et d'éducation, mais de manière inégale. Un des résultats de Borjas est que les complémentarités entre différents groupes de travailleurs ne sont pas assez fortes pour que l'immigration dans un groupe augmente les revenus dans un autre groupe. C'est donc essentiellement le capital qui profiterait de l'immigration[1] ». Immigration choisie ? Oui, et il est démontré au profit de qui.

En juin 2010, le ministre de l'Immigration signait un accord avec le groupe Casino afin que ce dernier recrute en priorité les immigrés que l'Office français de l'immigration et de l'intégration (OFII) lui présenterait : « Le ministre de l'Immigration a signé lundi un accord-cadre avec le groupe Casino pour faciliter le recrutement des immigrés récemment arrivés en France. Leur taux de chômage est deux fois plus élevé que celui des Français[2] », déclare le journal *Les Échos*. Les jeunes de banlieue sont surreprésentés dans les chiffres du chômage, et l'État pousse au recrutement prioritaire des étrangers ! L'insertion économique des jeunes des banlieues n'est-elle soudain plus un enjeu politique majeur ? Qu'elle

1. Gilles Saint-Paul, *Immigration, qualifications et marché du travail*, La Documentation française, 30 juin 2009.
2. Marie Bellan, « Besson pousse les entreprises à recruter davantage d'immigrés », *Les Échos*, 14 juin 2010.

semble lointaine, l'époque où les leaders politiques gardaient constamment en tête l'impératif d'œuvrer au maintien de la cohésion sociale ! Si je cite les propos de Georges Marchais, c'est parce qu'ils sont imprégnés de cette préoccupation et semblent d'un exotisme total pour notre classe politique : « En raison de la présence en France de près de quatre millions et demi de travailleurs immigrés et de membres de leurs familles, la poursuite de l'immigration pose aujourd'hui de graves problèmes. Il faut les regarder en face et prendre rapidement les mesures indispensables. La cote d'alerte est atteinte. [...] C'est pourquoi nous disons : il faut arrêter l'immigration, sous peine de jeter de nouveaux travailleurs au chômage. Je précise bien : il faut stopper l'immigration officielle et clandestine. Il faut résoudre l'important problème posé dans la vie locale française par l'immigration. Se trouvent entassés dans ce qu'il faut bien appeler des ghettos, des travailleurs et des familles aux traditions, aux langues, aux façons de vivre différentes. Cela crée des tensions, et parfois des heurts entre immigrés des divers pays. Cela rend difficiles leurs relations avec les Français ; [...] la crise du logement s'aggrave ; les HLM font cruellement défaut, et de nombreuses familles françaises ne peuvent y accéder. Les charges d'aide sociale nécessaires pour les familles immigrées, plongées dans la misère, deviennent insupportables pour les budgets des communes[1]. »

---

1. Georges Marchais, lettre adressée à Si Hamza Boubakeur, recteur de la Mosquée de Paris, publiée le 6 janvier 1981 par le journal *L'Humanité* et reproduite par Thierry Bouclier dans *La République amnésique*, éditions Remi Perrin, 2008.

Pourtant, « l'immigration étrangère s'est considérablement accrue depuis 1996. À la veille de la régularisation exceptionnelle de 1997-1998[1], 106 000 étrangers entraient en France, dont 60 % étaient originaires des pays tiers (hors EEE [Espace économique européen]). En 2003, leur nombre était passé à 215 000, soit plus du double, du seul fait de l'immigration en provenance de pays tiers qui représentait alors près de 80 % de l'immigration étrangère en France[2] ».

De quelle capacité d'insertion et d'intégration la France dispose-t-elle ? La réponse à cette question avait déjà été apportée par Michel Rocard, alors Premier ministre : « Le fait majeur, qui domine les problèmes que nous rencontrons, tient à ce que la France n'est plus une terre d'immigration. Nous ne pouvons plus, en effet, recevoir un flux massif et incontrôlé sans que cela n'hypothèque gravement et tout ensemble d'abord l'équilibre social de la Nation, ensuite les chances d'intégration des étrangers installés, enfin l'avenir même de nouvelles vagues d'arrivants et des pays d'où ils viennent [...]. C'est justement pour assurer le respect de nos valeurs et préserver efficacement la dignité des étrangers eux-mêmes que nous ne

1. 1997-1998 : 143 000 dossiers et 80 000 régularisations, sous le gouvernement de Lionel Jospin ; 1981-1982 : 145 000 dossiers et 132 000 régularisations effectives, sous le gouvernement de Pierre Mauroy, chiffres communiqués par Philippe Bernard dans le journal *Le Monde*, « Les chiffres de la régularisation révèlent la France des clandestins », 8 juin 1999.
2. Michèle Tribalat, *Les Yeux grands fermés*, *op. cit.*

devons en accueillir qu'autant que nous pouvons en intégrer[1]. » Ces propos ont été tenus par le Premier ministre en 1990 ! Quel a été le comportement de la classe politique depuis lors ? Une fuite en avant ! Les deux seules personnalités qui auraient pu amener la gauche vers la voie de la sagesse et de la raison, à savoir Michel Rocard et Jean-Pierre Chevènement, n'auront, malheureusement pour la France, jamais réussi à imposer leurs points de vue au sein de leur formation politique. Peut-être peut-on prétendre que sommes encore dans un État de droit, mais un droit qui, peu à peu, est devenu hostile à la société française elle-même.

Sur ce sujet de l'immigration, les doubles discours dominent. Cela questionne le fonctionnement même de notre démocratie, qui ne peut être fondée que sur la transparence et le lien de confiance entre les dirigeants et le peuple. D'un côté, on tente de rassurer le peuple ; de l'autre, « ce n'est pas la voie qu'emprunte la France, plutôt à contre-courant de la vague européenne, comme le remarque l'éditorialiste des *Échos* Jean-Francis Pécresse. La crise ne semble pas y avoir infléchi le choix d'une immigration "choisie" et "concertée" avec, désormais, une quinzaine de pays d'émigration. La baisse du nombre de titres de séjour y a été à peine perceptible en 2009 (- 3 %), à 175 000 – un niveau 75 % supérieur à celui de l'Allemagne. Et, sur les onze premiers mois de 2010, 182 000 titres ont déjà été accordés, soit autant

1. Intervention de Michel Rocard, Premier ministre, à l'Assemblée nationale, 22 mai 1990.

que sur l'ensemble de l'année 2008. Signe éminent d'ouverture, l'accueil des étudiants étrangers y est pour beaucoup[1] ».

L'immigration nuit fortement à l'intégration, et même à la simple insertion. L'insertion et l'intégration représentent des défis considérables qui commandent la non-dispersion des moyens, et la concentration de l'attention de l'État. De plus, la présence sur le territoire français d'un taux élevé de migrants et de descendants de migrants non intégrés leur ôte tout besoin d'entrer en contact avec la société française, dès lors qu'ils ont reconstitué leur société d'origine avec ses propres codes.

La volonté de l'État d'éviter le phénomène de ghettoïsation se révélera vaine. En raison de l'importance des flux migratoires et du taux élevé de la natalité, il n'est mathématiquement plus possible de déconcentrer. Cette ghettoïsation est par ailleurs de plus en plus voulue et recherchée par les populations de l'immigration, car elle rend possible l'entre-soi. Les nouveaux migrants ne viennent plus vivre dans la société française, ils viennent rejoindre leur diaspora, dont la définition nous est donnée par Chantal Bordes-Benayoun et Dominique Schnapper : « peuples qui gardent un sentiment de leur unité malgré l'éclatement géographique[2] ». L'arrivée continue de migrants en provenance de la terre d'origine produit un réenracinement dans les mœurs et

1. Jean-Francis Pécresse, « Immigration, une exception française en Europe », *Les Échos*, 5 janvier 2011.

2. Chantal Bordes-Benayoun, Dominique Schnapper, *Les Mots des diasporas*, Presses universitaires du Mirail, 2008.

coutumes du groupe culturel d'origine. Dans ces conditions, toute insertion devient impossible.

« Est-ce que l'immigration est nécessaire à l'économie française dans les années à venir ? s'interroge le démographe Hervé Le Bras. Réponse : non ! [...] Parce qu'il y a d'énormes réserves d'activité dans la population française. Les femmes ne sont pas toutes actives. On part d'activité, en France, à 58 ans. On est le pays où on part le plus vite[1]. » Le lien établi par Hervé Le Bras entre l'immigration et le taux d'activité des femmes et des seniors peut être étendu aux jeunes : « Le taux de chômage des jeunes a augmenté de 4,9 % entre 2007 et 2009, pour atteindre 18,4 % en moyenne. Il est donc de deux à quatre fois plus élevé que celui des actifs en général. Dans neuf pays, ce taux dépasse les 25 %, soit un actif sur quatre[2]. » Dans cette comparaison à l'échelle européenne, la France est loin de briller par ses engagements en faveur de l'emploi des jeunes. Un lien peut être également établi avec le chômage chez les jeunes de l'immigration enregistré par l'Observatoire national des zones urbaines sensibles : « Le chômage a augmenté de manière sensible dans les quartiers de la politique de la ville entre 2008 et 2009, en conséquence directe de la crise économique [...]. Le chômage touche encore fortement les jeunes en 2009 : 43 % des jeunes hommes actifs et 37 % des jeunes acti-

1. Hervé Le Bras, démographe et historien, dans « Mots croisés » : « Qu'est-ce qu'être Français ? », émission présentée par Yves Calvi, France 2, 9 novembre 2009.

2. *The Economist* online, « Young and jobless. The ratio of youth to adult unemployment worsens », 16 décembre 2010.

ves sont au chômage en ZUS. Pour la première fois depuis 2003, les jeunes diplômés sont aussi touchés par le chômage en 2009, alors que le diplôme les protégeait jusque-là[1]. »

En cette période dominée par une pensée unique, il n'est pas fréquent d'entendre dire à voix haute qu'un lien existe bel et bien entre immigration et chômage. Mais qui pouvait encore douter de son existence ? Une grande partie des élites politiques, intellectuelles, médiatiques, associatives, sans oublier les stars et autres amateurs de paillettes, continuent pourtant de faire mine de n'avoir toujours pas compris qu'un tel lien existe et que la France est dans l'incapacité d'absorber des flux d'immigrés sans cesse croissants. Malgré la situation de chômage que nous connaissons ; malgré la pauvreté qui sévit – « dans la période 2004-2007, 22 % des Français de plus de 16 ans ont connu au moins une année de pauvreté[2] » – ; malgré les problèmes identitaires qui dégradent considérablement la possibilité d'une intégration-assimilation, c'est encore l'acceptation de nouveaux flux et la régularisation continue de clandestins venus des pays du Sud qui prévalent : « Alors que les reconduites aux frontières des immigrés clandestins demeurent un objectif affiché de la majorité, un accord a pourtant été signé le 18 juin [2010] entre la CGT, le patronat et le ministère – tant décrié – de l'Immigration et de l'Identité nationale, qui a soigneusement évité d'en faire la publicité, écrit la journaliste Sylvie Pierre-Brossolette. Et pour cause, cette

1. Observatoire national des zones urbaines sensibles, rapport 2010.
2. Insee, « Portrait social de la France », novembre 2010.

convention élargit les critères de régularisation par le travail et profitera à des dizaines de milliers de travailleurs sans-papiers[1]. » En 2006, au moment des travaux de la commission sénatoriale d'enquête sur l'immigration clandestine, le ministre de l'Intérieur de l'époque affirmait que 80 000 à 100 000 clandestins supplémentaires entraient chaque année sur le territoire français.

Comment s'assurer par ailleurs de la fiabilité des chiffres de l'immigration, compte tenu des intérêts idéologiques en jeu ?

Concernant le recensement de 1999, l'Insee a reconnu s'être trompé au sujet des populations de l'immigration. Comme l'a remarqué Michèle Tribalat dans un article paru dans *Le Figaro*, « l'Insee revient, bien timidement dans un encadré, sur le recensement de 1999 qui était de très mauvaise qualité [...]. En admettant avoir "sous-estimé le nombre d'immigrés", l'Institut ajoute qu'une publication ultérieure fournira un ordre de grandeur de la correction à apporter... C'est la première fois qu'il le reconnaît. Mais cette publication sera un document de travail à la diffusion très réduite. [...] Finalement, tout cela montre qu'il est impossible de travailler avec des données fiables en France[2]. »

Dans son rapport de 2004, la Cour des comptes précisait que les chiffres communiqués n'intégraient pas

---

1. Sylvie Pierre-Brossolette, Fabien Roland-Lévy, « Immigrations, Roms, allocations, mensonges... Ce qu'on n'ose pas dire », *Le Point*, n° 1985, 30 septembre 2010.
2. Michèle Tribalat, « L'Insee admet enfin avoir sous-estimé le solde migratoire », *Le Figaro*, 24 août 2006.

les étudiants[1]. Or, ils seraient entre 50 000 et 70 000 à recevoir chaque année, et pour la première fois, un titre de séjour en France. Nous savons aujourd'hui qu'un grand nombre d'entre eux ne repartiront pas dans leur pays et s'installeront en France, ce qui représente par ailleurs une véritable hémorragie de cerveaux pour les pays du Sud.

Qui plus est, il semble que les mineurs ne soient pas non plus pris en compte dans les chiffres officiels. Combien sont-ils chaque année à entrer en France, accompagnés ou non de leurs parents ? Selon le Haut Conseil à l'intégration, le nombre des élèves nouvellement arrivés en France (ENAF) s'élève pourtant, pour la seule période 2008-2009, à 34 700, et les enfants de migrants qui intègrent directement la maternelle ne sont quant à eux tout simplement pas comptabilisés[2].

Les chiffres ne comptabilisent pas non plus les 80 000 à 100 000 nouveaux clandestins qui entreraient en France annuellement.

Enfin, dernier point, les chiffres de l'immigration communiqués excluent les ressortissants de l'Union européenne. Nous savons pourtant que l'élargissement de l'Union aux pays de l'est de l'Europe s'est accompagné de nouveaux flux migratoires.

---

1. Cour des Comptes, « L'Accueil des immigrants et l'intégration des populations issues de l'immigration », rapport au Président de la République, novembre 2004.
2. Haut Conseil à l'intégration, « Les Défis de l'intégration à l'école », rapport au Premier ministre François Fillon, janvier 2011.

Il serait pourtant fort aisé de connaître la vérité. Il suffirait pour cela que l'État autorise la conduite d'un audit par une équipe totalement indépendante de tout pouvoir public. Carte blanche lui serait donnée pour recouper les informations contenues dans différentes bases de données : aides sociales et médicales, impôts, Police de l'air et des frontières, établissements scolaires, établissements de l'enseignement supérieur, contrats d'accueil et d'intégration, demandes d'asile…

Il est fort probable que le chiffre publié d'environ 200 000 nouvelles entrées par an soit très largement en deçà de la réalité. Les chiffres officiels se révèleront-ils un jour avoir été des vérités à la soviétique ?

Qui ne considérerait comme irresponsables des parents qui continueraient d'adopter des enfants alors qu'ils se trouveraient dans l'incapacité – peu en importent les raisons – de créer des conditions de vie normale pour tous les leurs, qu'ils soient conçus par eux ou déjà adoptés ? Il ne se trouverait au demeurant aucune administration publique pour leur délivrer la fameuse autorisation indispensable à toute nouvelle adoption. Comment qualifier alors le comportement de tous ceux qui ont collaboré à placer la « famille France » dans la situation où elle se trouve aujourd'hui ? Comme le résume très bien l'ancien conseiller pour l'immigration du ministre de l'Intérieur : « La question de l'immigration est le lieu où s'exprime dans toute sa profondeur la coupure entre les élites et la nation. » Et Maxime Tondonnet d'expliciter ensuite : « Une forte proportion des Français voit dans l'immigration une source de préoccupation, à l'inverse des raisonnements de la classe dirigeante, politique, administrative, médiatique, journalistique, artistique, universitaire, judiciaire. La vision élitiste de l'immigration est clairement positive, fondée sur l'axiome fondamental d'une "immigration chance pour la France". L'approche populaire de ce phénomène est beaucoup plus réservée et la coupure a tendance à s'amplifier[1]. »

En avril 2008, André Daguin, qui préside l'Union des métiers et des industries de l'hôtellerie, appuie les revendications cégétistes et demande au gouvernement de procéder à la régularisation de 50 000 clandestins pour son seul secteur d'activité. « Les appels à la régularisation et à la solidarité avec les travailleurs sans papiers se multiplient en France [...]. La CGT et l'association Droits devant ! demandent une négociation avec le ministère du Travail pour des régularisations dans 150 métiers manquant de main-d'œuvre, principalement la restauration et le bâtiment, comme le prévoit une circulaire depuis janvier dernier [...], peut-on lire dans la presse. Lundi, la Ligue des droits de l'homme, la FSU, l'Unef et l'association France Terre d'asile se sont jointes à ces revendications [...]. Le président de l'Union des métiers et des industries de l'hôtellerie (UMIH), André Daguin, a également réclamé une régularisation importante, de 50 000 à 100 000 travailleurs. "Quels sont les inconvénients à le faire ?", s'est-il interrogé au micro de RTL. "Si on ne les régularise pas, il faut les licencier. Donc, dans

1. Maxime Tandonnet, *Immigration : sortir du chaos*, Flammarion, 2006.

Paris des tas de restaurants seront totalement désorganisés, on va tuer une partie du tourisme", a prévenu André Daguin[1]. » Surprenante et inattendue convergence d'intérêts entre les différents acteurs de ce dossier qui participe à saper tout à fait les bases du contrat social français.

Il n'est pas acceptable que des patrons hors-la-loi, puisqu'ils bafouent le droit français, non seulement ne soient pas sanctionnés, mais puissent de surcroît continuer de tirer profit d'une main-d'œuvre illégale, comme le rapporte un grand quotidien : « Un employeur de "bonne foi", ayant fait travailler un sans-papiers à son insu, pourra désormais se tourner vers la préfecture pour demander sa régularisation. Il devrait pouvoir compter sur la "bienveillance" des services préfectoraux. Dans une circulaire qui leur a été adressée lundi 7 janvier, et dont *Le Monde* a obtenu une copie, le ministère de l'Immigration demande aux employeurs d'étudier "avec une particulière diligence" les dossiers qu'ils porteront eux-mêmes[2]. »

Le recours à la main-d'œuvre illégale sert les intérêts du patronat : il maintient à un faible niveau les salaires dans un certain nombre de secteurs d'activité. Des emplois qui, de la sorte, deviennent peu attractifs, et que les élites et le patronat ont longtemps reproché et reprochent encore aux Français de ne pas vouloir ! Lorsque le terme « profit » est évoqué, les Français pensent immédiatement grandes entreprises, multinationales cotées au

1. « Grève des sans-papiers : nombreux soutiens », *L'Express*, 21 avril 2008.

2. Laetitia Van Eeckhout, « Régularisation : le travail, un espoir pour les sans-papiers », *Le Monde*, 8 janvier 2008.

CAC 40 ; ils oublient toutes ces petites et moyennes entreprises qui ont recours, sans aucun complexe, au travail illégal. L'immigration compte de puissants amis dans toutes les sphères du pouvoir qui relaient les intérêts du patronat ; le peuple français semble ne plus disposer de tels amis. Les préconisations vont toujours dans le sens d'une libéralisation : « L'immigration a été dans le passé et peut être dans l'avenir un puissant facteur de croissance. [...] Décision 222 : accueillir plus de travailleurs étrangers. Décision 223 : simplifier la délivrance d'autorisation de travail pour les travailleurs étrangers. La France a choisi d'assouplir progressivement les restrictions existantes. Pour 61 métiers, répartis sur 7 secteurs d'activité, l'autorisation de travail reste maintenue, mais la situation de l'emploi n'est plus opposable[1]. » Il est des plus choquant de lire, noir sur blanc, la totale indifférence à la situation intérieure française qu'ont certains résumée en une phrase lapidaire : « La situation de l'emploi n'est plus opposable ! » Malgré le fait que « la France n'en a pas fini avec le chômage, loin s'en faut », comme sont bien obligés de le constater périodiquement hommes politiques et journalistes. « Le nombre des demandeurs d'emploi a augmenté de 202 500 en France métropolitaine (+ 5,3 %), à 4 051 700, et de 222 300, départements d'outre-mer (Dom) compris, à 4,3 millions[2] », rappelle *Le Monde*. Le nombre des demandeurs d'emploi inscrits depuis plus de deux ans

1. Rapport de la Commission pour la libération de la croissance francaise, sous la présidence de Jacques Attali, janvier 2008.
2. Claire Guélaud, « Forte hausse du chômage en France pour 2010 », *Le Monde*, 26 janvier 2011.

et moins de trois années a augmenté de 38,5 % entre 2009 et 2010 ; celui des chômeurs de longue durée inscrits depuis plus de trois ans, de 18,1 %. « Au total, le chômage de très longue durée, particulièrement difficile à faire reculer, frappait, fin décembre, 682 900 personnes, conclut *Le Monde*. La plupart doivent être prises en charge par le régime de solidarité, financé par l'État, qui leur verse l'allocation spécifique de solidarité (460 euros par mois) ou percevoir le RSA [...]. Quant à une véritable politique de l'emploi, elle supposerait pour être efficace un véritable rebond de la croissance, et sûrement pas cette croissance molle que prédisent la plupart des économistes pour les prochaines années[1]. »

Les contribuables se voient donc, par le mécanisme de la solidarité nationale, astreints à financer un nombre croissant de chômeurs, quand, dans le même temps, l'État facilite la tâche des patrons qui utilisent de la chair fraîchement importée, corvéable à merci, car dans un statut précaire, le temps pour eux d'accroître leurs bénéfices financiers, car ne doutons pas qu'ils finiront par licencier cette main-d'œuvre dès qu'elle renâclera. Ce qui signifie que, après leur régularisation, il est à craindre qu'une partie des clandestins ne vienne grossir les rangs des prestataires des RSA et autres aides sociales. Il serait très instructif que l'État communique aux Français les données qu'il détient à ce propos.

Qui décide vraiment du destin du peuple français aujourd'hui ? La question est posée. Une chose est

1. *Ibid.*

sûre : pour « libérer la croissance », c'est la France qu'il faut libérer de ce qui la soumet et l'asservit pour le compte d'intérêts contraires à la préservation de sa cohésion sociale et nationale.

Aujourd'hui, les ayatollahs de la pensée unique qui gravitent dans les médias, les partis politiques, les têtes des différents services de l'État, la jet-set du cinéma et de la chanson, les réseaux d'influence, le monde du capital, le monde associatif, etc., et qui servent des intérêts bien éloignés du maintien des cohésions sociale et nationale, se rejoignent pour former un attelage des plus incongrus et collaborent à priver le peuple français du choix de son propre destin. Le peuple français se trouve de surcroît privé de toute liberté d'expression et d'exercice de son esprit critique. Il est victime d'une monstrueuse injustice, et d'une tentative de réécriture de son histoire. C'est ainsi qu'a été propagée l'idée selon laquelle la France est depuis toujours une terre d'immigration, laquelle ne serait donc en rien un phénomène nouveau. Or, dans les faits, au regard de la longue histoire de la France, à moins de remonter à la sortie de l'Homme de son berceau africain, l'immigration appartient à l'histoire contemporaine, comme le précise très bien l'historienne Marie-Claude Blanc-Chaléard : « Si d'emblée se trouve écartée la référence à la pureté d'un sang gaulois, on ne parlera pas pour autant d'"immigration". Le terme ne vaut pas non plus pour évoquer les étrangers de la longue période médiévale et moderne : artistes au service des princes (italiens notamment), techniciens habiles à moderniser l'économie nationale, Hollandais venus aménager les marais atlantiques au XVIIe siècle, entrepreneurs et "mécaniciens" anglais guidant, un peu plus tard, les premiers pas de la révolution industrielle. Si leur rôle est alors aussi éminent qu'utile, leur nombre demeure limité[1]. » Et Marie-Claude Blanc-Chaléard d'enfoncer le clou : « À la fin de l'époque moderne, la France est un monde plein dont la population a augmenté sur place. [...] La jeune Italie voit dès les lendemains de l'unité (années 1860-1870) s'évader ses paysans, ceux du Sud vers les Amériques, ceux du Nord vers la France ou l'Espagne centrale. Ces "émigrants" deviennent pour le pays d'accueil des "immigrants". L'"immigration" est née, organiquement liée à ces mutations contemporaines. »

Coût de l'immigration-intégration

Combien l'État consacre-t-il à la politique d'immigration ?

Depuis trente ans, l'État français – qu'il soit incarné par la droite ou par la gauche – est accusé de ne rien faire, ou au mieux de ne pas faire suffisamment. Sur quels chiffres les imprécateurs et donneurs de leçons se basent-ils alors ? Pourquoi les médias qui relaient largement leurs thèses, et même se les approprient, n'ont-ils jamais cherché à savoir ? Aussi étrange que cela puisse paraître, cette question, pourtant évidente et cruciale pour la France, n'a jamais été

1. Marie-Claude Blanc-Chaléard, *Histoire de l'immigration*, La Découverte/Syros, 2001.

abordée de manière transparente. Des études ont pourtant déjà été menées sur cette question budgétaire, et les chiffres avancés par plusieurs chercheurs convergent vers le même ordre de grandeur. Mais ces chiffres sont-ils repris et diffusés ? Non, car ils démentiraient l'accusation récurrente d'une démission de l'État sur le plan financier. Ce serait en finir avec l'argument sans cesse assené et qui vient régulièrement jeter de l'huile sur le brasier de la haine allumée contre notre société, dont les représentants sont les premiers à faire les frais : policiers, gendarmes, pompiers, enseignants, médecins.

L'État gagnerait à rendre publique l'ampleur de sa mobilisation financière dans le dossier immigration-intégration. Cela contribuerait à dissiper bien des malentendus et aiderait à la construction du fameux socle de reconnaissance qui marque une nette fracture entre les descendants des immigrations intra- et ceux des immigrations extra-européennes. Dire la vérité diluerait grandement le poison de la haine que les accusateurs de l'État ont injectée, et continuent d'injecter, dans le cœur des populations issues de l'immigration maghrébine et africaine.

En 2005, un économiste démographe et un historien de la démographie se sont employés à chiffrer le budget de cette politique :

« Il en ressort, pour l'immigration et l'intégration, toutes catégories de dépenses confondues : éducation ; formation professionnelle ; logement ; lutte contre la délinquance et maintien de la sécurité ; santé, etc., etc., un chiffre annuel, évidemment approximatif, d'environ 36 milliards d'euros, dont 24 milliards pour l'immigration et 12 milliards pour l'intégration[1]. »

L'expert Jean-Paul Gourévich évalue quant à lui la différence entre les dépenses consenties par l'État et les recettes faites au poste « immigrés et populations issues des dernières vagues d'immigration » : il obtient 24 milliards d'euros par an. À ce chiffre, qui constitue une perte nette, il ajoute ensuite 12 milliards d'euros, qui correspondent au coût annuel de la politique d'intégration, incluant entre autres l'éducation, le logement, la santé, la politique de la ville. L'État débourse donc, en moyenne, 36 milliards d'euros par an pour sa politique d'immigration-insertion-intégration[2]. Les 12 milliards forment un investissement que l'État espère voir produire un jour des résultats en termes d'intégration.

Les postes de dépense sont finement détaillés par Jean-Paul Gourévich. Les plus importants concernent les coûts sociaux. Le public concerné est en effet moins qualifié que le reste de la population, son taux de chômage est beaucoup plus élevé et, comme déjà évoqué précédemment, les fratries bien plus nombreuses. En mars 2006, dans une émission consacrée aux banlieues, l'économiste Jean-Paul Fitoussi, président de l'Obser-

---

1. Jacques Dupâquier, Yves-Marie Laulan, *Immigration/Intégration – un essai d'évaluation des coûts économiques et financiers*, actes du colloque qui s'est tenu à Paris le 17 novembre 2005, Fondation Singer-Polignac-Institut de géopolitique des populations, L'Harmattan, 2006.

2. Jean-Paul Gourévich, *L'immigration, ça coûte ou ça rapporte ?*, Larousse, 2009.

vatoire français des conjonctures économiques, évoquait l'existence d'un lien significatif entre la dette française accumulée ces trente dernières années et la question des protections sociales[1]...

Les dépenses afférentes à la ligne « Zones d'éducation prioritaires » avaient été publiées en 2006 dans un rapport de la Documentation française : « Un travail de synthèse, le premier, a été réalisé par la DAF [Direction administrative et financière de l'Éducation nationale] en novembre 2005 ; il évalue à 927 millions d'euros annuels le surcoût financier de l'éducation prioritaire dans le premier et le second degré[2]. » Le 21 septembre 2010, le ministre de l'Éducation les évoquait et annonçait, dans le même temps, le lancement d'un nouveau programme, baptisé Clair : « Le 8 avril dernier, en clôture des états généraux de la sécurité à l'École, j'ai annoncé le lancement, pour la rentrée 2010, d'un programme expérimental, baptisé Clair pour "collège, lycée, ambition, innovation, réussite" [...]. Des chercheurs ont mis en évidence la notion de climat comme principal facteur d'échec ou de réussite scolaire des élèves. C'est un changement de perspective notable dans la compréhension des difficultés que rencontrent certains de nos établissements. Ce constat est partagé par

1. « Complément d'enquête », « Banlieues : le feu est-il éteint ? », France 2, 13 mars 2006.

2. Inspection générale de l'Éducation nationale, Inspection générale de l'administration de l'Éducation nationale et de la Recherche, rapport à monsieur le ministre de l'Éducation nationale, de l'Enseignement supérieur et de la Recherche : « La contribution de l'éducation prioritaire à l'égalité des chances des élèves », octobre 2006.

des experts venus de tous horizons. Il a d'ailleurs fait, au mois d'avril dernier, l'objet d'un large consensus lors des états généraux de la sécurité à l'École [...]. Et pourtant, la Nation investit massivement dans l'éducation prioritaire : 1 milliard d'euros dont plus de 800 millions pour le seul sur-encadrement, 1 000 professeurs et 3 000 assistants pédagogiques supplémentaires en RAR [Réseau ambition réussite]. Malgré cela, les écarts demeurent très importants et se sont même creusés dans certains endroits. En outre, l'articulation avec la politique de la ville demeure insatisfaisante, et de ce point de vue, nous avons une occasion à ne pas manquer avec la renégociation des contrats urbains de cohésion sociale (CUCS) en 2011[1]. »

Les dépenses concernant le Programme national de rénovation urbaine, dit plan Borloo, donnent quant à elles le vertige : « Le Programme ainsi renforcé atteindra près de 42 milliards d'euros d'investissement[2]. » Mais pour quels résultats exactement ? Pourquoi dans le bâti, alors que les raisons profondes de la non-insertion ne relèvent pas du bâti ? « Sept ans après le vote de la loi Borloo sur la rénovation des "quartiers sensibles", la tentation de faire table rase a montré ses limites[3]. »

---

1. Discours de Luc Chatel, ministre de l'Éducation nationale, séminaire Clair, 21 septembre 2010.
2. Site officiel de l'Agence nationale pour la rénovation urbaine, « L'Anru par A+B – Création et moyens ».
3. Manuel Domergue, « Urbanisme : bilan mitigé pour la rénovation urbaine », *Alternatives économiques*, n° 296, novembre 2010.

Lorsque l'on connaît les habitudes de vie et les différences d'exigence entre les habitants des deux rives de la Méditerranée ; lorsque l'on sait qu'en France, « selon une étude Insee, 43 % des personnes mal logées ont un emploi, et occupent parfois même un poste de cadre[1] », voir détruire des immeubles pour en construire d'autres au seul motif que ces immeubles manqueraient de charme provoque un profond sentiment d'indignation ! Mais ce sentiment n'est manifestement pas partagé par tous : « Sept anciens ministres de la Ville se sont réunis hier autour de l'actuel titulaire du poste Maurice Leroy pour célébrer les 20 ans de la politique de la ville, affirmant tous "un sentiment de continuité qui dépasse les clivages politiques"[2]. »

Quel est le retour sur investissement de ces sommes abyssales qui ont été dépensées en faveur de l'immigration-insertion-intégration ? Les slogans tels que « l'immigration, une chance pour la France » peinent encore grandement à trouver leur traduction dans le monde réel. Il est aujourd'hui nécessaire d'accepter d'analyser ce sujet sur le fond et de tirer un enseignement de toutes les erreurs qui ont été commises.

1. Le Figaro.fr, Reuters, « Près de 3 millions de mal-logés en France », 11 janvier 2011.
2. Joël Cossardeaux, « Banlieues : huit ministres pour vingt ans de politique de la ville », *Les Échos*, 14 janvier 2011.

L'intégration par la nationalité

En septembre 2010, commentant le chiffre de 80 175 étrangers naturalisés durant les huit premiers mois, soit une croissance de 16,8 % par rapport à la même période en 2009, le ministre de l'Immigration et de l'Intégration se félicitait dans les termes suivants : « Ces résultats placent la France en tête des pays européens pour l'acquisition de la nationalité », précisant ensuite qu'il souhaitait faire signer aux étrangers naturalisés une « charte des droits et devoirs du citoyen » les engageant à être « fidèles aux valeurs de la France, à respecter ses symboles, à servir notre pays et contribuer à son rayonnement[1] ». Il reconnaissait ainsi en filigrane que l'État octroie la nationalité française à des personnes qui n'ont pas réussi leur processus d'intégration et ne l'ont parfois même pas encore entamé.

Cette politique d'« intégration » par la nationalité, qui revient à placer la charrue avant les bœufs, n'a aucune chance d'aboutir. Celui qui reçoit le sésame que constituent les papiers d'identité français ne s'astreindra plus à aucun effort pour ne serait-ce que respecter les règles du bien-vivre ensemble de la société française. Il ne risque en effet plus rien. C'est cela qui nourrit et entretient le sentiment d'impunité. L'appréciation du risque est toujours subjective. Comment pourrait-on tenir rigueur à ceux qui cher-

1. Dépêche AFP, « Plus de naturalisations en 2010 en France », 13 septembre 2010.

chent à échapper à la misère d'utiliser tous les moyens qui leur sont offerts ?

Le désir de rejoindre les pays économiquement développés n'est motivé qu'exceptionnellement par une proximité culturelle ou affective avec la communauté d'accueil. Ce sont, dans l'immense majorité des cas, des raisons de survie matérielle qui poussent les migrants à quitter leur vrai pays, et c'est au demeurant cet attachement au pays d'origine, ainsi que son identité, qu'ils vont transmettre à leurs descendants, même si ceux-ci détiennent les papiers d'identité du pays d'accueil. Il y a déconnexion totale entre la possession des papiers d'identité et l'identité. L'intégration-assimilation est de moins en moins souhaitée par les migrants et leurs descendants ; cela constitue l'un des freins majeurs à l'intégration. Pour pouvoir s'intégrer, encore faut-il le vouloir. L'intégration ne peut être imposée. Seule l'insertion peut, et doit, l'être.

Les enfants de l'immigration refusent d'ailleurs qu'on leur parle d'intégration. Ils ne comprennent souvent même pas ce qui leur est reproché. Ils ne possèdent pas l'identité française, mais dès lors qu'ils possèdent les papiers français, ils estiment être français. La sociologue Évelyne Ribert note dans ses travaux que, dans l'esprit des jeunes de l'immigration, les papiers d'identité français n'engagent en rien leur propre identité. Il y a décorrélation complète entre nationalité et identité[1].

1. Évelyne Ribert, *Liberté, égalité, carte d'identité. Les jeunes issus de l'immigration et l'appartenance nationale*, La Découverte, 2006.

Le point de vue de la communauté française

Il n'en va pas du tout de même dans la représentation qu'ont les Français de l'identité nationale : une condition indispensable pour son obtention est la réussite de l'intégration de celui qui la demande. Sans intégration, il y a peu de chance que la communauté d'accueil reconnaisse le postulant comme un de ses membres, l'adopte et l'admette en son sein.

A fortiori, un migrant qui sera perçu comme non inséré, comme dissemblable, n'aura aucune chance d'être reconnu et intégré parmi les membres de la communauté nationale.

Les « papiers » ne devraient être octroyés qu'au terme d'un processus d'intégration. Par quel miracle des étrangers qui n'ont pas réussi leur processus d'intégration, et ne l'ont parfois même jamais entamé, pourraient-ils s'accorder avec les Français sur le contenu de principes aussi essentiels que la liberté individuelle, l'égalité hommes-femmes, l'humanisme, la séparation de l'Église et de l'État ? Ces principes sont le socle de notre société. L'accès à la nationalité confère à celui qui la reçoit le statut d'architecte du projet politique collectif.

En outre, la nationalité française confère un titre de propriété sur le territoire français. Cela n'échappe d'ailleurs pas aux jeunes de l'immigration, qui déclarent en exhibant leur carte d'identité : « Je suis chez moi. » Cette profération volontairement provocante sonne aux oreilles comme une volonté d'exclusion revancharde qui annonce le conflit de territoire.

L'anthropologue Claude Lévi-Strauss prêchait la nécessité du respect de la bonne distance : « Que les peuples ne vivent pas trop près les uns des autres, sinon, c'est la guerre, mais pas trop loin non plus, sinon, ils ne se connaissent plus et alors, c'est la guerre[1]. »

Je ne reviendrai pas ici sur les raisons psychologiques et sociologiques pour lesquelles attribuer une nationalité tant que l'individu n'a pas encore terminé son processus d'intégration réduit à néant toute chance de réussite de ce processus, et donc toute chance d'intégration-assimilation ; je les ai longuement développées dans *Le Puzzle de l'intégration.* « Leurs conflits de loyauté sont extrêmement prononcés. La situation ira en empirant, car le temps qui passe accentue toujours les tensions identitaires dans l'individu jusqu'à parvenir au point de rupture. En pensant protéger les populations d'origine immigrée, on a négligé de prendre garde à ne pas bafouer les règles élémentaires du bon sens. On a pu croire œuvrer en leur faveur, mais les actions superficielles qui ont été menées ont joué en leur défaveur. Avec le temps, le code de la nationalité est devenu une gigantesque usine à fabriquer de la violence. La négation des identités a conduit à des désastres pour les migrants, mais aussi pour les Français qui n'osent même plus affirmer qu'ils sont Français [...][2]. »

Thione Niang, jeune Américain d'origine sénégalaise, a fait partie de l'équipe de campagne de Barack Obama. Il est actuellement président de la commission

1. Catherine Clément, « Claude Lévi-Strauss, une vie », *L'Express*, 3 novembre 2009.

2. Malika Sorel, *Le Puzzle de l'intégration*, *op. cit.*

des Affaires internationales des jeunes démocrates américains. Participant à une table ronde à Paris en 2009, il avait tenu à exprimer le choc et l'incompréhension qui l'avaient envahi à l'occasion de sa tournée dans certaines banlieues françaises. Ce que Thione Niang avait ressenti, c'est ce que beaucoup de Français ressentent eux aussi. Il avait perçu comme un rejet, et même une haine, de la France de la part des jeunes de l'immigration qu'il avait rencontrés : « Ce que j'ai constaté ici en France, ce que me disent les jeunes – et les jeunes disent la même chose partout où je vais –, c'est qu'on ne se sent pas Français, surtout les minorités [...]. Beaucoup d'entre nous qui avons quitté leur pays, avons emmené notre culture avec nous. Quand je suis venu aux États-Unis, j'ai amené avec moi la culture wolof, le côté privé de cette culture, ma religion, l'islam. Il y a des choses que je ne vais pas laisser, mais il y a des choses dans ma culture qu'il fallait que je laisse pour m'intégrer dans la société américaine [...]. Quand je suis devenu Américain, j'ai pris la nation américaine très au sérieux. Je suis prêt à mourir pour les États-Unis parce qu'ils m'ont tout donné. C'est un pays qui m'a tout donné. Même l'Afrique ne pouvait pas me donner [cela]. Et c'est ce que je dis aux jeunes ici. Il ne faut pas juste dire que le système ne marche pas ; "ils ne me reconnaissent pas, donc je ne fais pas partie". Mais tu vis en France et tu hais la France. Si tu hais la France, alors prends tes affaires et rentre chez toi. Si le Sénégal était très bien, j'allais pas aller aux États-Unis. Il faut que les gens comprennent qu'ils doivent avoir la fierté et l'amour de leur pays. Prendre la nationalité d'un pays, c'est quelque chose de vraiment très sérieux. Le succès d'un pays dépend de la conscience des gens dans le fait qu'ils doivent donner à leur pays[1]. »

Code de la nationalité française : la réforme ou le chaos

Il y a depuis plusieurs décennies une déconnexion préoccupante entre la question de la nationalité française et l'identité française. Cette déconnexion n'existe pas seulement dans l'esprit des populations de l'immigration, mais également dans le droit. Si nous souhaitons préserver la cohésion nationale, il est indispensable de faire en sorte qu'elles coïncident de nouveau, car c'est un fait, l'intégration se détériore avec le temps et cette dégradation se manifeste au travers d'une multitude de signes tels le refus croissant de respecter les valeurs du peuple français, qui sont de plus en plus contestées et même combattues, jusqu'à l'intérieur des classes d'école, ou le refus grandissant de pratiquer la langue française. La simple insertion est elle-même de plus en plus refusée. L'insertion est pourtant une obligation qui s'impose à tous. Une société dont un nombre important de personnes ne respectent plus les lois et normes collectives ne peut en effet fonctionner sereinement.

1. Thione Niang, colloque « Qu'est-ce qu'être Français ? » organisé par l'Institut Montaigne, 4 décembre 2009.

La distance culturelle s'est considérablement accrue avec les populations des derniers flux d'immigration, d'origine essentiellement extra-européenne. Or, plus elle est importante, plus l'appropriation des codes socioculturels est longue, difficile et souvent conflictuelle. Les migrants européens possédaient quant à eux une identité qui plonge ses racines dans le même patrimoine culturel que les Français (civilisations grecque et romaine, christianisme, Renaissance, Lumières). Pourtant, malgré cette grande proximité culturelle avec les Français, une majorité de migrants italiens ont manqué leur intégration et sont repartis vivre en Italie. Ainsi, comme nous le rappelle l'historien Daniel Lefeuvre, « si l'on peut estimer à 3 500 000 l'effectif des migrants transalpins qui ont pris, entre 1870 et 1940, le chemin de la France [...], le nombre de ceux qui ont fait souche ne dépasse guère 1 200 000 ou 1 300 000 personnes[1] », soit seulement un sur trois ! Ce qui montre, une nouvelle fois, que le processus d'intégration est un processus à l'issue non prédictible. Comment expliquer que l'on tente depuis des décennies de convaincre les Français que, malgré leur forte distance culturelle avec eux, les migrants extra-européens et leurs descendants pourraient, eux, tous réussir leur intégration, et que cela ne serait finalement qu'une question de temps ou d'argent ?

L'importance des flux migratoires et du taux de natalité a conduit à une reproduction des sociétés culturelles d'origine sur le sol français. Nous ne

1. Daniel Lefeuvre (s'appuyant sur les travaux de Pierre Milza), *Pour en finir avec la repentance coloniale*, Flammarion, 2008.

sommes plus confrontés à un phénomène migratoire classique, mais à des phénomènes de diasporas. Les migrants n'ont plus besoin de se plier aux us et coutumes des Français. Mais surtout les migrants et leurs descendants ont, du fait de cette reproduction de leur société, perdu le degré de liberté qui pouvait les conduire vers l'émancipation. Même sur le territoire français, ils vivent désormais sous le diktat de leur groupe. De plus, les politiques de diversité et la propagande multiculturaliste ont rendu plus attrayante la revendication d'appartenance à une communauté étrangère plutôt qu'à la communauté nationale française. Il est à noter que la propagande multiculturaliste a peu à peu contraint le peuple français à taire sa propre culture et sa propre identité. Or, c'est par mimétisme que les précédents migrants intégraient peu à peu les règles tacites qui se déploient dans la vie quotidienne et qui ne sont inscrites dans aucune loi et dans aucun programme scolaire.

L'État lui-même a joué un rôle majeur dans la dégradation de l'insertion et de l'intégration. L'intégration, et même l'insertion, exigent des sacrifices importants de la part de ceux qui obéissent à des normes culturelles qui ne sont pas celles des Français. Si l'État crée une situation qui permet de renoncer à ces sacrifices, qui y consentira encore ? C'est parce que l'État a renoncé à faire vivre la République sur tous ses territoires[1] que nous en sommes arrivés là : « Il apparaît aux différents acteurs de terrain que certaines

1. Sous la direction d'Emmanuel Brenner, *Les Territoires perdus de la République*, *op. cit.*

valeurs républicaines, et particulièrement celles de l'égalité homme-femme et de laïcité, sont perçues comme contradictoires avec les valeurs dont se disent porteurs certains migrants. Cette confrontation avec de nouveaux codes culturels, sociaux et politiques semble particulièrement violente pour certains publics qui en réaction peuvent se replier dans une représentation figée de leur culture d'origine[1]. »

Le droit de la nationalité est construit de telle sorte que la nationalité française est devenue, de fait, un dû au postulant. Il est appliqué d'une manière purement technique ; seul est pris en considération l'intérêt du postulant, jamais l'intérêt de la communauté nationale.

Vous êtes né sur le sol français ? La nationalité française vous est due. Vous épousez un ressortissant français ? La nationalité française vous est accordée au bout de quelques années de vie commune. Vous êtes parent d'un enfant que vous avez réussi à mettre au monde dans la métropole ou sur un territoire d'outre-mer, vous finirez par obtenir la nationalité française.

La nationalité ne doit désormais être accordée qu'à l'issue du processus d'intégration, lorsque ce dernier a réussi et s'est conclu par l'assimilation ; et non plus, comme c'est le cas aujourd'hui, au début d'un processus à l'issue non prédictible.

C'est d'ailleurs le sens des dispositions du code de la nationalité algérienne, bien plus respectueux de la nécessité de faire coïncider la nationalité et l'identité : « Est considéré comme algérien : l'enfant né de père algé-

---

1. Haut Conseil à l'intégration, « Faire connaître les valeurs de la République », avril 2009.

rien ou de mère algérienne ; l'enfant né en Algérie, de parents inconnus. L'étranger qui en formule la demande peut acquérir la nationalité algérienne, à condition : d'avoir sa résidence en Algérie depuis 7 ans au moins au jour de la demande [...], d'être de bonne moralité et de n'avoir fait l'objet d'aucune condamnation infamante ; de justifier de moyens d'existence suffisants ; d'être sain de corps et d'esprit ; de justifier de son assimilation à la communauté algérienne. » Et pour juger de l'assimilation, il est nécessaire de se reporter à la Constitution algérienne, qui définit, au travers des caractéristiques de la République algérienne, celles du citoyen algérien : « Le peuple algérien est un peuple libre, décidé à le demeurer. L'Algérie est une République démocratique et populaire. Elle est une et indivisible. L'Islam est la religion de l'État. L'arabe est la langue nationale et officielle [...]. » Le code de la nationalité marocaine est, lui aussi, dicté par la sagesse, car il respecte la perception de la communauté marocaine elle-même : « La possession d'état de national marocain résulte d'un ensemble de faits publics, notoires et non équivoques, établissant que l'intéressé et ses parents se sont comportés comme des Marocains et ont été regardés comme tels tant par les autorités publiques que par les particuliers. »

Le processus d'intégration, lorsqu'il réussit, conduit dans les faits à acquérir la mentalité française. Selon le sociologue Alex Mucchielli, « une mentalité, c'est un ensemble d'acquis communs aux membres du groupe. Ces acquis, comme dans le cas de la culture intériorisée, servent de références permanentes et inconscientes pour la perception des choses, pour les évaluations faites, et interviennent dans l'orientation des conduites. Une mentalité porte en elle une vision du monde et génère des attitudes (c'est-à-dire des manières d'être envers les choses) concernant les éléments de l'environnement. » Le sociologue insiste sur le fait que ces éléments de l'environnement ne sont pas anodins mais déterminants : « [Ils] ne sont pas n'importe lesquels. Ce sont les éléments clés de la vision du monde : les référents essentiels de l'identité. Ces éléments importants par rapport auxquels le groupe a pris position sont les points d'ancrage de son identité[1]. » Comme je l'avais précisé, la question des femmes est un véritable marqueur identitaire. Elle est l'un des critères qui permettent le mieux de jauger du degré d'intégration et du parcours qu'il reste à accomplir pour le postulant.

Au travers de la réflexion sur l'identité nationale et le code de nationalité française, se pose la question du choix du projet de société pour la France de demain et de l'avenir du vivre-ensemble. La sociologue Dominique Schnapper nous redonne les clés de la citoyenneté : « Pourquoi le "citoyen" et la "citoyenneté" sont-ils devenus, depuis une dizaine d'années, des mots aussi largement diffusés, jusqu'à en devenir obsédants ? C'est évidemment qu'ils soulèvent le problème de notre destin, indissolublement individuel et collectif. Ils nous invitent à une prise de conscience, à une réflexion sur ce qui nous permet de vivre ensemble, sur les valeurs communes au nom desquelles on essaie de gérer les rivalités et les conflits qui opposent inévitablement les

1. Alex Mucchielli, *L'Identité*, PUF, coll. « Que sais-je ? », 2009.

hommes[1]. » Des identités différentes conduisent en effet à des projets de société différents. Ernest Renan avait parfaitement su définir ce que l'appartenance à la communauté nationale signifie : « Une nation est donc une grande solidarité constituée par le sentiment des sacrifices que l'on a faits et de ceux qu'on est disposé à faire. Elle suppose un passé ; elle se résume pourtant dans le présent par un fait tangible : le consentement, le désir clairement exprimé de continuer la vie commune. L'existence d'une nation est un plébiscite de tous les jours[2]. »

Chaque peuple a droit au respect, sur son territoire, de son identité propre ; une identité qui est, bien entendu, dynamique, mais qui ne saurait évoluer au corps défendant du peuple lui-même. On ne bouscule jamais impunément un peuple sur son territoire.

Le droit de la nationalité dans sa forme actuelle méprise allègrement l'une des deux parties en présence, à savoir la communauté nationale française, dont il s'est au fil du temps mué en un redoutable ennemi.

La nationalité française n'est pas un dû. Elle est une charge accordée à celui qui est en capacité d'assumer la transmission de l'héritage français à sa propre descendance. Les Français avaient depuis fort longtemps l'intuition que l'intégration-assimilation échouait pour un grand nombre d'enfants issus des récents flux d'immigration. Ce qu'ils constataient sur le terrain,

---

1. Dominique Schnapper, *Qu'est-ce que la citoyenneté ?*, Gallimard, coll. « Folio actuel », 2000.
2. Ernest Renan, *Qu'est-ce qu'une nation ?*, conférence prononcée en 1882 à la Sorbonne, *op. cit.*

c'est que même en naissant sur le sol français, et n'ayant parfois jamais connu d'autre cadre que celui de la société française, nombre d'enfants issus de l'immigration extra-européenne se vivent et se pensent en effet comme membres de la communauté d'origine de leurs ascendants, et nullement comme membres de la communauté française, ni soucieux à ce titre du destin de l'idéal français.

Il est également fondamental de tenir compte de l'extrême difficulté qu'il y a à se construire une dimension personnelle, une volonté individuelle, lorsque l'on grandit au sein d'un groupe qui s'applique, dès la naissance, à dissuader tout ce qui peut apparaître comme une velléité d'émancipation ; et qui tente de maintenir ses membres à l'état d'éternels mineurs auxquels il est interdit d'agir selon leur propre raison. Aussi la demande de naturalisation ne doit-elle pas être examinée avant que le candidat à la naturalisation ait atteint l'âge de 25 ans. Ce serait là le moyen d'augmenter les chances que cette décision corresponde à un choix personnel qui sera assumé moralement et psychologiquement.

Il n'y a strictement aucune urgence à délivrer la nationalité française, d'autant que notre pays accorde la même protection sociale à tous les résidents sans distinction d'origine. Comme l'a très bien suggéré le député de la Drôme Hervé Mariton, l'acquisition de la nationalité française doit être précédée d'une période probatoire de cinq ans : « Cette période probatoire serait une sorte de stage qui concernerait tous ceux qui veulent obtenir la nationalité française. Cette période de responsabilité et de formation civique et linguistique durerait cinq ans. À son issue, on vérifierait l'intégration manifeste de la personne et en particulier son respect de la loi, mais aussi sa connaissance de la langue française. Le point de départ de cette période serait une manifestation de volonté. Elle avait été judicieusement instituée par notre majorité en 1993 mais hélas supprimée par le PS en 1998. Cette manifestation de volonté serait obligatoire pour tous, fils et filles d'étrangers nés sur le territoire français, ressortissants étrangers mariés avec un Français ou une Française […]. Pour devenir français il faut avoir prouvé sa capacité à respecter la loi[1]. »

À ce dispositif devrait s'ajouter un usage systématique de la circulaire du 24 février 2005[2] qui énonce un certain nombre de critères que doit vérifier le postulant, tels le degré d'assimilation à la communauté française, la conduite et le loyalisme, le degré de connaissance de la langue française.

Il est par ailleurs crucial de vérifier que le postulant dispose de ressources matérielles suffisantes, hors aides sociales, afin de s'assurer que les considérations économiques ne constituent pas une des motivations de la demande de naturalisation.

Une sévère vigilance doit s'exercer à l'encontre des mariages dits mixtes, qui sont aujourd'hui la grande voie d'accession automatique à la nationalité française puisqu'ils constituent, nous l'avons vu, un tiers (en

---

1. Hervé Mariton, « Un stage de cinq ans pour devenir français », propos recueillis par Soazig Quémener, *Le Journal du dimanche*, 5 septembre 2010.
2. Circulaire DPM/SDN/N 3 n° 2005-104 du 24 février 2005 relative à l'enquête diligentée par les services préfectoraux sur les demandes d'acquisition de la nationalité française par déclaration.

2007) des naturalisations ; « les demandes sont satisfaites à 90 %[1] ».

Le principe de précaution est invoqué dans bien des dossiers au sujet desquels on ne s'accorde pas sur la situation critique, mais, curieusement, sur cette question de la nationalité qui engage au plus haut point l'avenir de la cohésion nationale, et alors que les voyants ont viré au rouge depuis plus de vingt ans, aucune véritable action n'a encore été engagée par le pouvoir politique.

L'octroi de la nationalité française doit être placé sous le sceau de la sagesse. Lorsqu'il n'apparaît pas évident que le postulant a réussi son assimilation, alors la règle qui doit guider les services qui consentent la naturalisation, c'est le fameux mot du philosophe et mathématicien grec Pythagore : « Dans le doute, abstiens-toi. »

Lorsque l'identité choisie n'est pas celle de ses propres ancêtres, il y a profonde rupture. Celle-ci doit être voulue et librement consentie, car elle doit ensuite être assumée en droits et en devoirs. Lorsqu'elle n'a pas été librement choisie, elle peut faire naître chez l'individu des tensions le plus souvent insupportables. L'individu devient alors l'otage d'une dissonance identitaire capable de déclencher une extraordinaire violence. Suivant la culture dans laquelle il a été éduqué, cette violence sera retournée contre lui-même ou contre les autres. Aujourd'hui, ceux qui ont échoué leur intégration et ne

1. Communiqué du ministère de l'Immigration : « Éric Besson réunit des victimes de "mariages gris" », 20 novembre 2009.

sont pas assimilés en viennent de plus en plus souvent à s'attaquer à notre société.

On a longtemps cherché à cacher la vérité aux Français, arguant que le temps, pour sûr, finirait par faire son œuvre. La propagande battait son plein : « L'immigration est une chance pour la France » ; « La diversité est la richesse de la France » ; « La France s'est construite grâce à l'immigration ». Des noms prestigieux tels ceux de Georges Charpak ou Marie Curie étaient cités en exemple. Mais n'était-ce pas un alibi, car ont-ils jamais été érigés en modèles pour les jeunes de l'immigration ? D'autre part, Charpak et Curie seraient-ils devenus ce qu'ils furent s'ils n'avaient pas eu la chance de croiser la France dans leur vie ?

Celui qui ne perçoit pas la nationalité dans sa dimension de charge, ou qui réfute le caractère central de cette dimension, montre déjà par là qu'il n'est pas mûr pour recevoir ces papiers d'identité française et assumer les devoirs qu'ils imposent. La nationalité, témoin de l'identité, est quel que soit le pays la propriété exclusive du peuple qui la porte, et auquel incombe la responsabilité d'en garantir la continuité dans le temps. Elle n'appartient ni à la classe politique dirigeante, ni aux personnels administratifs, ni aux médias, ni au monde associatif.

Les élites politiques ont l'obligation morale du sursaut. Nous ne sommes pas là en présence de quelques centaines de naturalisations par an dont l'impact, en cas d'échec d'assimilation, serait contrôlable. Non, nous sommes en présence d'environ 100 000 octrois de la nationalité française chaque année. Cela constitue une véritable onde de choc pour la société française.

En attribuant la nationalité française à un nombre considérable de personnes qui ne portent pas l'idéal français, l'État s'est rendu coupable de l'instauration de deux qualités de Français et de la perpétuation de cet état de fait. Ce n'est que lorsque la nationalité attribuée par l'État sera redevenue réelle que les Français cesseront d'éprouver le besoin de parler de « Français de souche ».

La question de la double nationalité

En l'état actuel des choses, et eu égard au fait que l'État a accordé un nombre considérable de papiers d'identité à des personnes qui ne possèdent en rien l'identité française, je suis opposée à la suppression de la double nationalité, car cela rendrait impossible tout recours juridique à la déchéance de la nationalité française ; la France ne peut en effet fabriquer des apatrides.

Si la double nationalité venait à être supprimée dès à présent, une écrasante majorité des extra-Européens opteraient, pour des raisons évidentes, pour la nationalité française qui, de toute façon, n'engage en rien leur identité.

Il est très surprenant que nos élites, très au fait des conséquences de la mondialisation et de la géopolitique actuelle, ne comprennent pas que cette pseudo multi-appartenance nous place dans une situation très critique. Cette multi-citoyenneté offre à des populations entières la possibilité d'influer de manière décisive, si elles le souhaitent, sur la conduite de la politique d'un pays qui leur reste étranger, la France, dans un sens qui pourrait servir les intérêts de leur pays d'origine, qui demeure leur véritable pays.

Par ailleurs, je suis opposée au fait que des personnes qui possèdent une double nationalité puissent accéder en France à quelque fonction d'élu que ce soit, même au niveau local, ainsi qu'à toute fonction gouvernementale ou dans la haute administration publique française. Bien entendu, mon propos concerne tous les Français, quelle que soit leur origine, y compris ceux d'origine européenne en ce qui concerne les sphères de la haute administration et du gouvernement. Certes, de nombreux pays sources de l'immigration ne reconnaissent pas le fait que leurs ressortissants puissent renoncer à leur nationalité d'origine ; mais le fait même que ces personnes aient continué de renouveler leurs papiers d'identité du pays de leurs ancêtres confirme la perpétuation d'un sentiment d'appartenance, et parfois d'allégeance. Il n'est donc pas acceptable qu'elles puissent accéder à des fonctions politiques en France.

Ce serait une erreur que de considérer l'échelon politique local comme un enjeu mineur. C'est au niveau local que se déclinent les règles du bien-vivre ensemble. C'est à cet échelon que l'on décide ou non de se conformer aux principes républicains et aux valeurs de notre société. La politique locale est la déclinaison de la politique nationale. Elle doit de ce fait se conformer aux exigences des normes collectives françaises, traduction de l'identité française au quotidien. Il suffit pour le comprendre de se remémorer l'expérience de Martine Aubry, maire de Lille, qui en était venue à supprimer la mixité dans certaines plages horaires au sein d'établissements publics de la ville, en l'occurrence des piscines. Aussi la proposition d'octroyer le droit de vote aux étrangers : « Donnons le droit de vote et d'éligibilité aux étrangers non communautaires pour les élections locales[1] », parfois déguisée en concept de « citoyenneté élargie », doit-elle alerter au plus haut point nos concitoyens. Comment expliquer, face aux défis que représentent les difficultés auxquelles notre société est confrontée, que l'on puisse proposer une dilution de la citoyenneté française ?

La question de la déchéance de nationalité

Les critères de déchéance de la nationalité française restent aujourd'hui à établir. Sur cette question, il faudrait s'inspirer du code de la nationalité marocaine : « Toute personne qui a acquis la nationalité marocaine peut en être déchue : si elle est condamnée : soit pour attentat ou offense contre le Souverain ou les membres de la famille royale ; soit pour un acte qualifié, crime ou délit, contre la sûreté intérieure ou extérieure de l'État ; soit pour acte constituant une infraction de terrorisme ; soit pour acte qualifié, crime assorti d'une peine de plus de cinq ans de réclusion ; si elle s'est soustraite à ses obligations militaires ; si elle a accompli

1. « Convention égalité réelle », texte adopté par le conseil national du Parti socialiste, 9 novembre 2010.

au profit d'un État étranger des actes incompatibles avec la qualité de Marocain ou préjudiciables aux intérêts du Maroc. »

Les enfants de l'immigration asiatique

Les études sur le devenir des enfants de l'immigration asiatique demeurent rares à ce jour en France. Pourtant, comme nous le verrons, leur cas particulier mérite grandement d'être analysé. Dans la très récente enquête « Trajectoire et origines » conjointement menée par l'Insee et l'INED, on découvre « qu'il existe une forte hétérogénéité des niveaux d'éducation selon les origines[1] ». L'étude met en évidence la brillante réussite des enfants de l'immigration du Sud-Est asiatique : « Les descendants d'immigrés venus d'Asie du Sud-Est constituent toutefois une exception : ils exercent à 32 % des professions de cadres. » L'étude nous apprend également que 48 % d'entre eux ont acquis un diplôme de l'enseignement supérieur (34 % chez la population majoritaire) ; 30 %, un diplôme du troisième cycle. Ces chiffres sont à mettre en regard avec d'autres faits relevés par l'étude : « Les diplômés du supérieur sont faiblement représentés chez les descendants d'immigrés venus d'Algérie et de Turquie (20 % et moins), en comparaison de la population majoritaire (> 30 %). »

---

1. INED, Insee, « Trajectoires et origines, Enquête sur la diversité des populations en France », cordonnée par Cris Beauchemin, Christelle Hamel et Patrick Simon, octobre 2010.

La réussite d'insertion des enfants de l'immigration asiatique dans la société française ne fait aucun doute. La même réussite est d'ailleurs observée dans d'autres sociétés d'accueil. Aux États-Unis, celle des enfants de l'immigration chinoise interpelle les Américains. Professeur de droit à Yale, Amy Chua a récemment publié un livre[1] pour évoquer ce qui est perçu là-bas comme une réussite phénoménale. Elle s'est attachée à détailler aux Américains les énormes efforts consentis quotidiennement par les parents chinois, ainsi que par leurs enfants : ils pratiquent une discipline rigoureuse, les parents exigent de leurs enfants qu'ils expriment le meilleur d'eux-mêmes et refusent l'éventualité de l'échec. Dans un article publié dans le *Wall Street Journal*[2] à l'occasion de la sortie de son livre, Amy Chua insiste sur l'esprit de persévérance, indispensable à tout apprentissage, que les parents chinois transmettent à leurs enfants. Elle met en évidence le sens profond de la responsabilité qui habite ces parents vis-à-vis de leurs enfants et a l'immense mérite de montrer que la réussite, et même l'excellence, sont accessibles à ceux qui s'y engagent pleinement.

La taille de la famille joue bien évidemment un rôle décisif. Dans le cas des fratries nombreuses des familles du sud de la Méditerranée, les parents ne sont pas en capacité d'apporter une aide individuelle à chacun de

1. Amy Chua, *Battle Hymn of the Tiger Mother*, Penguin Press HC, 2011.
2. Amy Chua, « Why Chinese Mothers Are Superior », *Wall Street Journal*, 8 janvier 2011.

leurs enfants. Bien souvent, ce sont d'ailleurs les aînés qui s'y occupent de leurs puînés.

Dans la très large enquête qu'ils ont menée sur les descendants d'immigrés, Claudine Attias-Donfut et François-Charles Wolff avaient aussi étudié des familles chinoises. Concernant les relations intra-familiales, ils avaient noté que, selon ces parents, « il est de leur devoir d'éviter conflits et confrontations avec les enfants, comme l'exige la tradition chinoise[1] ». Cela dénote une disposition culturelle à pacifier les rapports familiaux, et se traduit concrètement par une moindre propension à entraver l'insertion de leurs enfants dans les sociétés d'accueil. Voilà qui montre une fois encore que la relation parents-enfants est la véritable clé de voûte de la réussite des enfants.

Concernant les Chinois, Alain Peyreffite avait quant à lui mis en évidence les conséquences heureuses de la philosophie du yin et du yang, qui ne sépare pas le oui et le non, le licite et l'illicite, mais déploie plutôt une pensée ternaire, écrivait-il. Il notait une conséquence directe sur les modèles éducatifs de l'empire du Milieu : « L'enfant tient de son père et de sa mère, mais il ne rassemble pas toutes leurs caractéristiques, comme le ferait un hermaphrodite. Il sera lui-même l'élément d'un nouveau couple dissymétrique, dont l'opposition produira un nouvel élément indépendant des deux précédents[2]. » Au cœur de la pensée chinoise

1. Claudine Attias-Donfut et François-Charles Wolff, *Les Destinées des enfants d'immigrés*, *op. cit.*

2. Alain Peyrefitte, *Quand la Chine s'éveillera… le monde tremblera*, Fayard, 1973.

est donc inscrite l'acceptation que l'enfant puisse devenir autre, à savoir dissemblable. C'est reconnaître à l'identité son caractère dynamique. C'est le phénomène exactement inverse qui est à l'œuvre dans les familles du Sud, où tout caractère – y compris importé de l'école – susceptible de rendre leur enfant dissemblable est rejeté par les parents, et l'ordre est intimé à l'enfant de s'en écarter.

La sociologue Li Yinhe, membre de l'institut de sociologie de l'Académie chinoise des sciences sociales, mène des recherches sur un sujet qui a une incidence non négligeable sur les processus d'insertion et d'intégration : le regard porté sur les relations amoureuses. Li Yinhe montre que l'attitude des Chinois envers les relations amoureuses a subi une profonde transformation[1]. Dans la société chinoise, l'amour est devenu plus simple. Le tabou de la sexualité s'estompe à grande vitesse ; les relations amoureuses entre étudiants se banalisent, et c'est un sentiment de tolérance qui peu à peu se répand dans la société. Après avoir été une affaire de parents, le mariage devient de plus en plus une affaire personnelle. Au sein d'un nombre croissant de familles, l'égalité hommes-femmes devient une réalité.

Pour les Chinois, le corps est un vecteur de l'expression artistique. Il n'est pas, comme dans beaucoup de familles du Sud, un objet du mal contre lequel il convient de lutter. La perception du corps féminin est un élément fondamental de l'identité : on connaît la supériorité de la Chine à aligner de remarquables gym-

1. Benoît Guivellic, « Li Yinhe et la libération sexuelle en Chine », *Aujourd'hui la Chine*, 13 avril 2010.

nastes ; on a pu admirer la rapidité fulgurante avec laquelle elle a su placer des couples de danseurs sur glace sur les podiums mondiaux, c'est à chaque fois un hymne à la grâce et à la beauté de la femme qui est célébré, tout comme dans les ballets chinois.

Doit-on déduire de ces éléments culturels et de la réussite attestée de l'insertion des enfants de l'immigration asiatique, que leur intégration à la communauté nationale française a réussi pour autant ? Il est nécessaire d'approfondir les études sur cette question. Aux États-Unis, les Asiatiques américanisent très souvent les prénoms de leurs enfants. Il serait intéressant d'observer la décision majoritairement adoptée sur ce point en France. Comme l'a très justement souligné Emmanuel Todd dans ses travaux, le taux de mariages exogames constitue un puissant indicateur de l'intégration. Nous manquons de données sur ce point. Mais il n'en demeure pas moins que les quelques éléments de vie précédemment cités semblent clairement indiquer que, contrairement aux idées reçues, la distance culturelle entre familles asiatiques et familles occidentales ne semble pas si importante au regard de celle que doit franchir l'enfant issu de l'immigration du Sud pour s'insérer dans la société française.

V

Du respect de la France par la classe politique

Voilà de nombreuses années que les Français se distinguent par leur pessimisme[1] ; la crise économique n'a fait qu'amplifier ce sentiment. C'est dans l'incapacité de vision et de projection de leurs élites, et dans le manque de confiance à leur égard, qu'il faut rechercher ses raisons. Peu à peu, les Français ont acquis la conviction qu'ils ne pouvaient plus faire confiance à leur personnel politique pour décider de leur destin. Le manque d'ancrage culturel et d'engagement dans la défense des intérêts supérieurs de la nation a jeté la suspicion sur la classe politique. Il suffit de se plonger dans les mémoires de guerre du général de Gaulle[2] ou de lire ses *Lettres, notes et carnets*[3], pour saisir l'ampleur

---

1. Sondage international BVA-Gallup, « Les perspectives économiques 2011 », janvier 2011.
2. Charles de Gaulle, *Mémoires de guerre*, Plon, 1954 à 1959.
3. Charles de Gaulle, *Lettres, notes et carnets, 1919-juin 1940*, Plon, 1980.

du désastre politique actuel. Que s'est-il passé pour que les élites régressent autant ?

Celui qui voit un problème et ne fait rien fait partie du problème[1]

« Une partie de ce qu'on appelle encore les élites est déculturée et vit dans un isolement dont il importe de comprendre la genèse en revenant sur les évolutions des parcours de vie et de formation, expose le philosophe et sociologue Jean-Pierre Le Goff. Littérature, histoire et philosophie ont longtemps été des éléments de référence dans l'enseignement et l'éducation populaire. Ces disciplines s'enracinaient dans une tradition nationale, elles étaient au cœur d'une culture humaniste et républicaine et constituaient des ressources intellectuelles où pouvaient puiser les hommes d'action. » Désormais, la plupart des dirigeants français ignorent tout de cette grande tradition de la civilisation française, de ses écoles politiques ; et quand quelques-uns d'entre eux savent de quoi il retourne, ils n'éprouvent de toute façon pas le besoin de s'en inspirer. Leur conduite est guidée par d'autres idéaux et aspirations. « Il en ressort, poursuit Jean-Pierre Le Goff, une difficulté certaine à penser une situation dans sa globalité, à la restituer dans une histoire et lui donner ainsi figure humaine. [...] Les grands choix politiques et historiques qui s'offrent au pays s'effa-

1. Mahatma Gandhi, pendant la marche du sel (1930).

cent de plus en plus derrière un catalogue de réformes complexes dont on demande à chacun d'être en quelque sorte l'"acteur-mécanicien". La technocratie moderniste transforme ainsi la démocratie en un exercice de *pédagogie* visant à persuader le peuple de s'impliquer dans un processus et une machinerie dont il ignore les fins. » Et le sociologue de conclure : « Une telle optique entraîne une réplique des gouvernés que l'on peut entendre aujourd'hui dans l'ensemble des sphères d'activité : "Où veulent-ils au juste nous mener ?" Un esprit avisé ne manquera pas alors de relancer la question : "Savent-ils eux-mêmes où ils veulent aller ?"[1] »

Aujourd'hui, sur la question de l'immigration-insertion-intégration, l'élite politique semble globalement dépassée par les événements. Pourtant, la situation que nous vivons n'est, pour une très large part, que la conséquence des programmes politiques déployés ces trente dernières années. Aucune flamme vigoureuse ne semble animer nos élites, pas plus qu'une ambition pour la France. Un sentiment de fatalisme et d'impuissance les pousse à se soumettre aux événements extérieurs, qu'elles déclarent inéluctables et auxquels le peuple français devrait, selon elles, se résigner. « La destruction des anciennes sociabilités et des institutions chargées de la transmission, l'avènement d'une société publicitaire et de réseaux vides : puisque tout cela arrive, tout cela est bien. La modernité est fataliste, écrit Natacha Polony. Si la marche du monde implique

1. Jean-Pierre Le Goff, *La France morcelée*, Gallimard, coll. « Folio actuel », 2008.

l'abandon de tout un patrimoine culturel, mais aussi intellectuel, sensoriel ou artistique, le mépris de tout ce qui a fait l'existence des centaines de générations qui nous ont précédés, qu'importe : de toute façon, personne n'est responsable[1]. »

Ce qui est proposé par les élites politiques n'est pas à la hauteur des enjeux. Le dire et l'exprimer clairement leur permettra peut-être de mieux comprendre à quel point leur comportement est grave, et combien leur attitude égoïste et souvent clientéliste met en danger la cohésion nationale.

Que signifie le terme « élite » lorsque l'élite n'anticipe plus, ne guide plus, mais entraîne le peuple vers des lendemains porteurs de régression et de désespérance ? Il faut retrouver le chemin de la raison, celui de la cohérence. La classe politique doit accepter de traiter le problème de l'immigration et de l'intégration de manière globale, et non plus sectorielle, comme elle l'a toujours fait. Toutes les dimensions de ce problème sont étroitement corrélées. Il est donc vain de penser pouvoir traiter une seule de ses dimensions si l'on n'agit pas, simultanément, sur toutes les autres ; et il est fondamental d'identifier celles des dimensions qui conditionnent toutes les autres. Faute de quoi, tout ce qui aura été déjà accompli sera, tôt ou tard, défait, et les efforts déployés seront réduits à néant.

La défiance envers le monde politique atteint des sommets inédits. Phénomène nouveau, elle touche désormais les élus locaux eux-mêmes, jusqu'à présent

1. Natacha Polony, *Nos enfants gâchés*, Jean-Claude Lattès, 2005.

épargnés. Selon un sondage réalisé fin 2010, les sentiments de dégoût et de méfiance envers la politique récoltent à eux deux 62 % des avis des sondés ; 83 % estiment que les responsables politiques, en général, se préoccupent peu ou pas du tout de ce que pensent les gens de la catégorie à laquelle ils appartiennent ; 57 % estiment que la démocratie ne fonctionne pas bien[1].

Les Français se sont laissé piéger par la professionnalisation de la politique. Toute la classe politique a tendance à penser que, une fois élu, chacun de ses membres a reçu un blanc-seing ; qu'il devient comme le maître et possesseur de son fief et de l'électorat. L'idée que nos élus recevraient une approbation inconditionnelle, qu'ils sont indéboulonnables, est colportée précisément par ceux qui trustent tout et préviennent tout réoxygénation du système. Si le suffrage universel décidait de la pertinence de l'homme ou de la femme politique élu(e), de son sérieux et de son efficacité, alors la France se porterait à merveille. « Le cumul des mandats est une spécificité française. Je ne connais pas d'exemple dans les démocraties comparable à la nôtre. Nous avons beaucoup de ministres à temps partiel, c'est peut-être une des raisons pour lesquelles nous sommes gérés un peu plus mal que les autres[2] » : ce sont là les propos du député René Dosière, membre de la commission des lois à l'Assemblée nationale. Les

1. Cevipof/Opinion Way, « Baromètre confiance en politique », décembre 2010.

2. René Dosière, « Cumul des mandats : "Un ministre peut recevoir jusqu'à 21 000 euros" », propos recueillis par Éric Nunès, *Le Monde*, 20 décembre 2010.

journalistes, l'air de rien, les confortent dans leur représentation de leur statut par la terminologie sans équivoque qu'ils emploient : « c'est son fief », « il est sur ses terres », « sa baronnie », « il est chez lui ».

Le cumul des fonctions, le renouvellement jusqu'au cercueil des mandats électifs ou autres fonctions politiques, tout cela empêche la réflexion profonde et sérieuse et le renouvellement des manières de penser les problèmes. Les politiques sont par monts et par vaux. Il est impossible d'assumer sa mission de manière efficace dans de telles conditions. Les politiques vivent dans une bulle. Ils ne risquent rien, ou si peu. La *botte souveraine de la réalité* ne peut, dans leur esprit, les atteindre. Ce mode d'exercice du pouvoir développe une arrogance peu compatible avec l'écoute et la réflexion, et surtout un sentiment d'intouchabilité. Il facilite grandement le déploiement de réseaux d'influence ; on défend vite des intérêts de caste au détriment de l'intérêt général. C'est aujourd'hui un impératif démocratique que de rendre impossible le cumul des mandats ou des fonctions, et de limiter à une seule fois leur renouvellement.

La plupart des politiques sont sensibles au pouvoir et aux honneurs. Il est exceptionnel qu'ils refusent les « places dorées » qu'on vient leur offrir sur un plateau d'argent. Il est extrêmement rare d'assister à un désistement, tel celui de la ministre Valérie Pécresse, qui renonça à se présenter à l'élection municipale de Versailles : « "Tu ne peux pas faire ça !" "Une occasion pareille, ça ne se refuse pas !" Malgré les nombreuses sollicitations, Valérie Pécresse a décidé de ne pas devenir le prochain maire de Versailles. La logique politique aurait voulu qu'elle prenne la succession d'Étienne Pinte, rapporte la presse. Avant son entrée au gouvernement, un accord avait été scellé qui prévoyait un tandem pour les municipales avant une succession en bonne et due forme. Mais, entre-temps, Valérie Pécresse a été nommée ministre de l'Enseignement supérieur. "Mes responsabilités ministérielles ne sont pas compatibles avec les fonctions de maire", explique aujourd'hui la ministre pour motiver sa décision de ne pas cumuler ce mandat avec son portefeuille. » Et le journaliste de détailler l'ensemble des arguments par lesquels la ministre se justifie : « "Cette ville mérite un maire à 100 %", souligne celle qui a longuement hésité avant de prendre sa décision. Ne serait-ce que parce qu'une bonne partie de ses collègues ministres vont être en situation de cumuler. S'ils gagnent en mars. Paradoxe saisissant, car Valérie Pécresse était assurée de gagner en mars prochain et de conserver la ville, alors qu'elle n'a pas la certitude de rester membre du gouvernement ! "J'assume le risque. Ça correspond à ma façon de faire de la politique", plaide celle qui préfère rester fidèle à ses convictions plutôt que de céder à la tentation[1]. »

« Succession en bonne et due forme » : la formule claque comme le signe d'un retour à l'Ancien Régime ! Malheureusement, Valérie Pécresse cumule aujourd'hui la fonction de présidente de groupe au conseil régional d'Île-de-France et celle de ministre.

1. Carl Meeus, « Les coulisses », *Le Figaro*, 18 janvier 2008.

Les Français ne voient que la partie émergée de l'iceberg. En dessous, c'est un système monstrueux qui se perpétue sur la base de liens de sang ; de copinage ; de recyclage de hauts fonctionnaires formatés dans le même moule ; de renvois d'ascenseur ; de placement en raison d'appartenance à un même réseau d'influence… Le système est bien verrouillé. Entre le placement des épouses, des enfants, des maîtresses, des copains et de tous ceux qui permettent au système de continuer à prospérer, il ne reste plus guère d'espace pour la méritocratie républicaine. C'est pour cette raison que ceux qui occupent les postes ne sont pas nécessairement les plus compétents. Ni les plus à même de remettre en cause les idées bien établies. Nous sommes en présence d'une oligarchie qui ne dit pas son nom : « Palais de la République détournés à des fins personnelles, jets privés mis au service des agendas ministériels surchargés, cumuls des rémunérations et des pensions de retraite, missions d'utilité douteuse rétribuées […]. Malgré tout les élus semblent avoir du mal à se considérer comme de simples citoyens. À ne pas mélanger argent public et dépenses privées. Apparaissent déconnectés du train de vie moyen de la majorité de leurs concitoyens[1]. »

De la base au sommet, on se recycle à l'infini, et la République se retrouve contrainte de nourrir des sangsues : « Le président de la République considère aussi que ceux qui sont au gouvernement ont été servis. Il y a une petite pointe d'agacement chez lui à voir les ministres

1. Sylvain Courage et Ève Roger, « Les privilèges de la République », *Le Nouvel Observateur*, n° 2380, 17 juin 2010.

réclamer[1]. » Mais l'effet le plus pervers de ce système de reproduction est que ceux qui sont là depuis longtemps ont tous plus ou moins participé, à des degrés divers, activement ou plus simplement en laissant faire, à mener la France dans la situation qui est la sienne. Cela entraîne chez eux une réaction, tout humaine, de crispation ; ils n'ont pas envie que la vérité éclate, que leurs faillites soigneusement maquillées en politiques respectables leur soient renvoyées à la figure ; surtout, ils ne veulent pas que d'autres actions politiques puissent être déployées, qui invalideraient les leurs. Ce comportement s'observe dans tous les secteurs, y compris à l'Éducation nationale, où les pédagogues qui occupent des postes d'influence et de commandement empêchent que l'on soustraie l'École des plaies qu'ils ont abattues sur elle.

Effet également pervers de cette perpétuation d'une même caste aux commandes, les hauts fonctionnaires qui pourraient contribuer à ce que l'intérêt général ne soit pas perdu de vue se retrouvent eux-mêmes contraints d'obéir aux politiques au doigt et à l'œil, car réagir les exposerait au risque d'être mis à l'écart, au péril de leur carrière. Ils sont extrêmement bien placés pour savoir qu'ils seront de toute façon, tôt ou tard, amenés à croiser de nouveau ces hommes et femmes politiques, du seul fait du recyclage à l'infini que je viens d'évoquer.

Tant que les électeurs ne se résoudront pas à émettre un signal fort et sans équivoque en sanctionnant très

1. Anne Rovan et Jean-Baptiste Garat, « Ces ministres qui cherchent leur place à l'UMP », *Le Figaro*, 27 décembre 2010.

sévèrement les candidats au cumul et au renouvellement sans fin des mandats, le cumul continuera d'opérer ses ravages, pour le plus grand malheur des électeurs eux-mêmes. Le chiffre de l'abstention a une signification politique ; il est anti-démocratique de le négliger. Un taux de participation inférieur à 50 % devrait donner lieu à une invalidation de l'élection et à un nouveau scrutin. L'abstention signifie souvent qu'aucun candidat n'a réussi à susciter l'intérêt des électeurs. La prise en compte du taux d'abstention aiderait à placer notre démocratie agonisante sous assistance respiratoire, jusqu'à ce qu'elle se revitalise avec un sang renouvelé.

Vers la fin de la solidarité nationale ?

Notre classe politique espérait que le temps viendrait, comme par magie, à bout des difficultés ; que les milliards injectés résoudraient définitivement la crise de l'intégration, et que les Français finiraient aussi pas renoncer à leurs fondamentaux. Ils se sont lancés dans une fuite en avant dont notre société paie à présent les frais. Le net durcissement de la situation, qui devient incontrôlable dans certains quartiers pudiquement appelés « sensibles », augure de ce qui nous attend. L'État révèle au grand jour son impuissance et son incapacité à se saisir des seuls leviers qui soient pertinents.

Le concept de cohésion nationale a quasiment disparu, remplacé par celui de cohésion sociale. Ce glissement n'est pas fortuit. Puisque beaucoup des immigrés et de leurs descendants semblent refuser l'intégration-assimilation, il n'est, aux yeux des politiques, plus possible d'évoquer ni la cohésion nationale ni l'État-nation, qui sont donc amputés pour être réduits à leur dimension sociale. Or, l'adhésion au principe de solidarité nationale ne peut être durablement obtenue que dans la situation où, à partir d'une multiplicité, un corps unique vient à se constituer.

Aussi, l'affaiblissement de la cohésion nationale interroge, dès à présent, la solidarité nationale et le modèle même de l'État-providence. Les Français ont parfaitement identifié le fait que la solidarité nationale était responsable de bien des maux de notre société : elle enferme en effet dans la culture de la dépendance, et elle est de plus en plus souvent mobilisée pour des projets auxquels ils n'adhèrent pas, et même qu'ils rejettent. Clairement, les Français sont de plus en plus réticents à contribuer à la prise en charge de populations qui leur apparaissent comme dissemblables ; des populations qu'ils ont de surcroît identifiées comme remettant en cause leurs principes et valeurs, donc l'ossature même de leur projet politique collectif.

Une solidarité durable se construit toujours sur la base d'affinités partagées. On ne donne pas indéfiniment à ceux que l'on perçoit comme profondément dissemblables, qui rejettent ce que l'on est. L'exemple récent en a été donné après les grandes inondations d'août 2010 qui ont sinistré toute la vallée de l'Indus au Pakistan : alors que ce type de catastrophe naturelle, lorsqu'elle frappe un pays pauvre, suscite aussitôt un élan de générosité humanitaire, ici les dons occidentaux ont tardé et ont été plutôt faibles. Il atteste d'un changement radical dans l'attitude des peuples occidentaux, qui jouent habituellement le rôle de principaux pourvoyeurs de fonds pour les causes humanitaires. Si les populations de l'immigration ne parviennent pas à s'insérer rapidement, et même à s'intégrer-s'assimiler, un jour viendra où la cohésion sociale telle que nous la connaissons aujourd'hui disparaîtra : « La question de l'État-providence se superpose de plus en plus avec celle de la citoyenneté. Dès lors que les fondements assuranciels du système s'effritent, c'est en effet nécessairement une logique solidariste qui doit prendre le relais. Tout est alors ramené à l'essentiel, au point originaire, là où le lien social et le lien civique se confondent, écrit l'historien Pierre Rosanvallon. En son essence, l'appartenance à la cité est indissociable d'un pacte moral. La vie commune repose sur l'adoption d'une arithmétique simple : les obligations de la collectivité envers chacun de ses membres sont la contrepartie de ceux-ci. C'est parce que les citoyens sont prêts à mourir pour la patrie que celle-ci a une dette à leur égard. Le propre de la guerre est d'instaurer un principe d'équivalence radicale : chaque vie pèse d'un même poids et le sacrifice de chacun peut être appelé de la même façon. L'État-providence est une version apaisée et ordinaire de cet idéal-là, mais il est fondé sur un ressort identique[1]. »

Dans l'esprit de beaucoup de Français, le terme de banlieue est désormais synonyme de quartiers « sensibles », qu'ils traduisent par « territoires où les lois de la

---

1. Pierre Rosanvallon, *La Nouvelle Question sociale. Repenser l'État-providence*, Le Seuil, 1995.

République ne sont plus respectées de tous ». Pourtant, comme le rappelle Pierre Merlin, « le terme banlieue, dont l'acception triviale semble simple, a une étymologie complexe. Originellement, c'était l'étendue d'une lieue autour d'une ville sur laquelle s'étendait le ban, c'est-à-dire l'autorité d'une ville[1] ». C'est dans ces franges urbaines que les communautés de l'immigration sont désormais largement représentées et qu'elles ont reconstitué sur le territoire français leurs sociétés d'origine, avec leurs règles et leurs codes. Cela a beaucoup réduit la nécessité pour les nouveaux entrants de se plier aux règles qui régissent la société française.

Il est d'autant plus important de rappeler cette obligation de respect des principes et des normes collectives qui en découlent, que cela aidera de très nombreux enfants de l'immigration, qui rencontrent des conflits identificatoires sur leur chemin, à se construire de façon à ne pas s'exclure de notre société. C'est là que se trouve la clé de la difficulté de l'insertion, et par voie de conséquence de l'impossibilité d'intégration, et non pas dans la question économique ou sociale, qui est anecdotique dans ce contexte : « Attaquer les pompiers, brûler la voiture de son voisin ou tuer par inadvertance – “sans le faire exprès”, disent certains –, incendier des magasins, des écoles, des gymnases du quartier où l'on habite, arrêter des bus pour y déverser de l'essence et y mettre le feu devant des passagers affolés, de tels actes sauvages cadrent mal avec les conflits de classes traditionnels dans lesquels nombre de militants et de

1. Pierre Merlin, *Les Banlieues*, PUF, coll. « Que sais-je ? », 1999.

commentateurs veulent à tout prix faire entre la “révolte des banlieues”, écrit Jean-Pierre Le Goff. Les schémas préconçus jouent le rôle de déni et de réconfort face à une réalité dérangeante : les événements des banlieues relèvent moins de la pauvreté et de la misère telles qu'on a pu les connaître dans le passé que de phénomènes de déstructurations identitaires qu'on a le plus grand mal à aborder. L'histoire de France a vu d'autres périodes de chômage de masse, comme dans les années 1930, sans qu'on assiste pour autant à de pareils phénomènes de destruction[1]. »

Le modèle français d'intégration-assimilation n'a pas échoué ; c'est seulement qu'il n'a pas été appliqué pour l'immigration d'origine extra-européenne. Si les communautaristes ont mené, et continuent de mener, des charges si violentes contre le modèle républicain d'intégration, s'ils persistent à vouloir obtenir le renoncement au respect des principes de liberté, d'égalité et de laïcité, c'est qu'ils sont grandement aidés depuis l'intérieur même de l'appareil d'État. De très nombreux hommes et femmes politiques ont en effet endossé les habits d'*idiots utiles*. Ils ont repris en chœur la vulgate selon laquelle c'est le modèle même de la société française qui empêcherait l'insertion et l'intégration, et se sont engagés sur la voie de l'abandon de chacun des principes – socle de Marianne – qui structurent notre société, épousant ainsi la cause de ceux qui refusent insertion et intégration : « Ils veulent bien être de ce pays à condition qu'il ne ressemble qu'à eux, écrit Max

1. Jean-Pierre Le Goff, *La France morcelée*, *op. cit.*

Gallo. Ils sont d'ici, incontestablement, mais ce n'est qu'un lieu, et leur âme est encore ailleurs, et le risque est grand qu'elle se refuse à migrer ici [...]. Ce qui est ainsi en cause, c'est bien plus que l'"intégration". En rejetant l'histoire de la France, en la condamnant, ce n'est pas seulement cette intégration qu'on rend difficile, c'est la survie de la nation qui est en question[1]. »

Respecter la laïcité

De tous nos principes, le plus essentiel est celui de la laïcité ; il est tout simplement vital pour notre société. La laïcité joue désormais le rôle de la digue qui protège la France. Nul n'ignore le sort réservé aux terres protégées par une digue lorsque celle-ci vient à céder. C'est la laïcité qui conditionne désormais l'exercice de tous les autres principes. La laïcité est intimement liée à l'égalité, à la liberté, au rôle et à la position de l'État. L'État sera-t-il toujours un État-nation, ou, pour le dire autrement, sa légitimité reposera-t-elle toujours sur la souveraineté du peuple uni dans la nation, et en sera-t-il l'expression, dans un souci de promouvoir encore et toujours l'intérêt général ?

Si la laïcité est tant attaquée, c'est qu'elle a été identifiée comme une valeur fondatrice de notre pacte moral et social et qu'elle place les lois qui régissent notre société au-dessus des commandements des religions. La laïcité participe à l'émancipation des êtres.

---

1. Max Gallo, *Fier d'être Français*, Fayard, 2006.

Elle rend possible la formation de citoyens autonomes, capables d'exercer leur raison, de s'affranchir de tout conditionnement. Son trésor réside dans sa capacité à permettre aux hommes de garder, pour eux, dans leur espace privé, ce qui peut les diviser et surtout les dresser les uns contre les autres ; l'Histoire est là pour en témoigner. Comme nous le rappelle le philosophe Henri Pena-Ruiz, « l'origine étymologique du mot "laïcité" est très instructive. Le terme grec, *laos*, désigne l'unité d'une population comme un tout indivisible[1] ».

Dans *Le Puzzle de l'intégration*, j'ai longuement évoqué le fait que le contenu des idéaux Liberté-Égalité-Fraternité n'est pas partagé par l'ensemble des autres peuples sur terre, et que la laïcité est purement et simplement inexistante dans nombre de régions du monde. Cette dernière vient même heurter de plein fouet la philosophie de vie d'une écrasante majorité des migrants et de leurs descendants. Bien que la France qualifie ses idéaux d'universels, ils ne le sont pas, et ne figurent d'ailleurs pas au rang des aspirations d'autres peuples : « Toute prétention à admettre quelque chose comme valeur universelle implique une analyse a contrario – en particulier, savoir si les gens pourraient accorder quelque valeur à une revendication qu'ils n'ont pas encore exprimée de manière adéquate, explique Amartya Sen. Toutes les prétentions au titre de valeur universelle – pas seulement celle de la démocratie – comportent ce présupposé implicite[2]. » Il n'est pas

1. Henri Pena-Ruiz, *Qu'est-ce que la laïcité ?*, Gallimard, 2003
2. Amartya Sen, *La Démocratie des autres*, Rivages, coll. « Rivages poche », 2006.

question de classer ni de hiérarchiser, mais de tirer les enseignements d'un simple constat : nos principes républicains ne sont pas automatiquement gratifiés, loin s'en faut, d'une quelconque valeur par les porteurs de cultures qui diffèrent fortement de celle des Français. C'est au travers des actes de la vie quotidienne que se décline la culture d'un peuple, et c'est d'ailleurs ainsi qu'elle se transmet aux descendants, qu'elle construit et façonne leur inconscient. La culture d'un peuple trouve sa traduction dans l'ensemble des normes collectives que ce peuple reconnaît et fait siennes. Elle est toujours le produit de sa propre histoire.

Aujourd'hui, la forte préoccupation des Français en ce qui concerne la relation entre les religions et la République porte sur le comportement que vont devoir adopter l'État et les différents acteurs de la société face aux revendications, de plus en plus nombreuses, qui émanent de populations de l'immigration. L'inquiétude est vive. Les Français craignent désormais que les nouveaux entrants et leurs descendants ne puissent trouver en eux la capacité de respecter les normes collectives de la société d'accueil[1], ce qui rendrait à terme toute cohabitation impossible. Où la revendication religieuse, qui est ici une revendication identitaire, s'arrêtera-t-elle ? Où la ligne blanche des accommodements, puisque c'est de cela qu'il s'agit, devrait-elle être placée ? Se poser cette question, c'est déjà entrer dans le jeu de l'autre, alors que le fond du problème est de faire en sorte que les nouveaux entrants respectent les

1. Sondage IFOP pour *Le Monde*, « Regard croisé France/Allemagne sur l'Islam », 13 décembre 2010.

lois françaises, et non que les Français renoncent à leurs fondamentaux. Dans la mesure où ces fondamentaux correspondent, comme c'est le cas ici, à des éléments qui structurent l'identité du peuple français, ces renoncements ne seraient que d'apparence. La frustration ainsi engendrée s'exprimerait, tôt ou tard, sous des formes imprévisibles.

Nous sommes entrés dans une période où la République est régulièrement testée. Il ne faut donc pas s'attendre à ce que les coups de boutoir contre ses fondations cessent par le seul effet d'une loi. « L'avenir de la République se trouve une nouvelle fois au cœur de la crise politique et sociale que traverse notre pays. Ses principes sont attaqués par ses ennemis et caricaturés par nombre de ses amis[1]. » C'est parce qu'elle se trouve attaquée de l'intérieur que la République commence à vaciller. Des lois et principes nombreux sont en effet aujourd'hui détournés pour justement la torpiller. Ainsi en va-t-il de la Déclaration universelle des droits de l'homme ; de la laïcité elle-même ; du principe de liberté ; de la liberté d'expression et d'opinion ; de la nécessité du respect de toutes les croyances…

Les Français supportent de moins en moins l'intrusion du religieux dans l'espace public. L'espace public, c'est celui qui est accessible au regard de tous, ou celui qui peut le devenir, comme les entreprises. L'espace privé, c'est celui qui est soustrait aux yeux de tous et réservé à un cercle restreint. Le privé ne se voit pas depuis l'extérieur. La redéfinition des espaces public et

1. André Bellon, Inès Fauconnier, Jérémy Mercier et Henri Pena-Ruiz, *Mémento du républicain*, Mille et une nuits, 2006.

privé est incontournable si l'on souhaite garantir, et surtout préserver, la paix dans l'espace public : « Tout le monde a le droit de croire ou de ne pas croire, mais l'exercice d'une religion est un fait privé, relève du domaine privé[1] », réaffirmait le ministre de l'Immigration. Et c'est bien pour cela qu'il y a des lieux de culte. L'élaboration puis la mise en application d'une « Charte du vivre ensemble[2] » reprenant les règles de la vie républicaine au sein de la société française ne sont pas un luxe, mais une nécessité de première urgence.

Quelle est la raison profonde qui pousse les différents acteurs à concéder aux migrants d'origine extra-européenne ce qu'ils n'auraient jamais concédé aux migrants d'origine intra-européenne ? La France a pourtant déjà connu des vagues migratoires chez lesquelles la religion était très présente. C'était le cas, par exemple, des populations polonaises et portugaises. La peur n'est pas étrangère à l'émergence d'accommodements consentis. Aussi, pour avoir la paix, les décideurs sont-ils enclins à céder et à transiger sur des principes et des règles qui ont pourtant permis à tous de vivre, jusque récemment, de manière harmonieuse dans un espace partagé. En cédant, ils envoient le signal que tout est possible. C'est un encouragement à de nouvelles demandes qui est lancé et bien sûr nous ne sommes qu'au début d'un processus qui amènera de nouveau le chaos. L'ignorance de l'histoire ne prépare jamais la

1. Le ministre de l'Immigration Éric Besson, le 8 novembre 2009.

2. Haut Conseil à l'intégration, « Projet de charte de la laïcité dans les services public », avis au Premier ministre, janvier 2007.

paix mais la guerre. Voilà une conséquence de la déculturation des élites politiques, pour lesquelles la laïcité se réduit à une simple date : 1905 ! Oubliés tous les événements tragiques qui se sont déroulés sur plus de trois siècles ; oubliés les torrents de sang qui ont irrigué les plaines de France et lavé les pavés de ses rues et ruelles ; oubliés le siège de La Rochelle et l'horreur qui l'a accompagné, oublié le fait que l'histoire de France a longtemps vécu au rythme des guerres de religions à l'intérieur, mais aussi à l'extérieur de ses frontières ; oubliée l'âpreté des combats politiques et idéologiques qui ont déchiré la France et parfois provoqué la scission des familles…

Quand la classe politique renonce au respect de la laïcité, elle rompt avec une entente cordiale obtenue au prix du sang et des larmes. Elle affiche son mépris de la souffrance et son irrespect pour les morts, tous victimes d'un engrenage de haine et de peur. Elle trahit tous les catholiques qui avaient fini, avec le temps, par accepter la laïcité. Comme le rappelait en 2005 le pape Jean-Paul II, « en 1905, la loi de séparation de l'Église et de l'État, qui dénonçait le Concordat de 1801, fut un événement douloureux et traumatisant pour l'Église en France ». Et le pape de poursuivre : « Cette paix, acquise progressivement, est devenue désormais une réalité à laquelle le peuple français est profondément attaché. […] Le principe de laïcité, auquel votre pays est très attaché, s'il est bien compris, appartient aussi à la Doctrine sociale de l'Église. Il rappelle la nécessité d'une juste séparation des pouvoirs (cf. Compendium de la Doctrine sociale de l'Église, nn. 571-572), qui fait écho à l'invitation du Christ à ses disciples : "Rendez à

César ce qui est à César, et à Dieu ce qui est à Dieu" (Lc 20, 25). […] De même, comme le Concile œcuménique Vatican II l'a rappelé, l'Église n'a pas vocation pour gérer le temporel, car, "en raison de sa charge et de sa compétence, elle ne se confond d'aucune manière avec la communauté politique et n'est liée à aucun système politique" (Constitution pastorale Gaudium et spes, n. 76 § 2 ; cf. n. 42)[1]. »

L'abdication des élites à faire respecter la laïcité dessert également les migrants et leurs descendants. Ce renoncement met en exergue leur très grande difficulté, et parfois même leur impossibilité, à vivre selon les règles et les lois de la société française. Que ce soit à l'école, dans la rue, dans les transports en commun, dans le monde de l'entreprise ou dans les hôpitaux[2],

1. Lettre du pape Jean-Paul II à Mgr Jean-Pierre Ricard, archevêque de Bordeaux et président de la Conférence des évêques de France, 11 février 2005.
2. Le médiateur de la République, « Synthèse annuelle d'activité 2010 du pôle santé et sécurité des soins ». Extraits : « En milieu hospitalier, les points de friction sont plus religieux que culturels […]. En revanche, les croyances religieuses des patients s'avèrent parfois difficiles à concilier avec la pratique médicale. Le personnel doit souvent s'adapter à certains rites (remettre à plus tard des soins parce que le malade doit faire sa prière, reporter des prises de sang parce que le patient observe le ramadan, refus de certaines patientes d'être examinées par un homme ou de se dévoiler voire de se déshabiller) […]. Il a été rapporté à P3S (Pôle santé et sécurité des soins) l'existence d'un fait nouveau : le port, par le personnel soignant, de signes religieux ostensibles alors que la liberté d'expression et d'action selon les croyances religieuses des personnels est fortement restreinte depuis la circulaire du 2 février 2005 relative à la laïcité dans les établissements de santé. »

partout on observe une explosion des signes et une propagation des prescriptions religieuses. Cette évolution était inéluctable, dès lors que les accommodements consentis par les élites ont envoyé le signal qu'une abdication sur les principes et valeurs de la société française pouvait être obtenue. Sans jamais y avoir consenti, le peuple français a été utilisé comme variable d'ajustement par ses élites. Contrairement à l'adage « Qui ne dit mot consent », le silence des Français ne vaut pas bénédiction, et nous sommes là au cœur du sentiment de défiance qui habite un nombre croissant de citoyens.

Faisant fi de l'histoire du peuple français, des politiques en viennent à suggérer des moratoires sur des lois pourtant perçues comme essentielles par les Français. À chaque fois qu'une loi française déplaît, conviendrait-il alors de recourir à un moratoire pour en suspendre l'application ? Quel est donc ce nouveau mode de gouvernance ?

Les Français rejettent ce qu'ils perçoivent comme une régression démocratique. Voilà en effet bien longtemps que, pour eux, la loi civile et les principes constitutionnels priment sur tout autre précepte : « La liberté consiste à pouvoir faire tout ce qui ne nuit pas à autrui : ainsi, l'exercice des droits naturels de chaque homme n'a de bornes que celles qui assurent aux autres Membres de la Société la jouissance de ces mêmes droits. Ces bornes ne peuvent être déterminées que par la Loi [...]. La Loi n'a le droit de défendre que les actions nuisibles à la Société. Tout ce qui n'est pas défendu par la Loi ne peut être empêché, et nul ne peut être contraint à faire ce qu'elle n'ordonne pas[1]. »

C'est à l'État qu'incombe la responsabilité de faire en sorte que l'espace public, celui qui est accessible à tous, joue son rôle de lieu de rencontre et demeure un espace de cohabitation pacifique.

La Charte des droits fondamentaux que mentionne le traité de Lisbonne stipule en son article 10 : « Toute personne a droit à la liberté de pensée, de conscience et de religion. Ce droit implique la liberté de changer de religion ou de conviction, ainsi que la liberté de manifester sa religion ou sa conviction individuellement ou collectivement, en public ou en privé, par le culte, l'enseignement, les pratiques et l'accomplissement des rites. » Cette Charte des droits fondamentaux s'inscrit en complète contradiction avec la loi française du 9 décembre 1905. Alors que les nuages noirs s'amoncellent dans le ciel européen, l'Europe s'emploie à créer les conditions d'un durcissement encore plus marqué de la cohabitation au sein de l'espace public. L'Union européenne travaille à la libanisation de l'Europe. L'Europe joue véritablement contre l'Europe. Dans un moment de si grand doute autour de la construction d'une Europe politique, l'Union européenne ne pouvait revêtir plus hideux habits que ceux d'une mère qui se rend complice de l'œuvre de destruction de l'idéal de vie de ses propres enfants.

C'est en Europe qu'est née la culture des droits de l'homme. Ironie du sort, c'est vers les institutions euro-

1. Déclaration des droits de l'homme et du citoyen de 1789.

péennes que se tournent tous ceux qui souhaitent s'affranchir des principes et des valeurs qui sont au cœur de l'identité des peuples européens. Marcel Gauchet voit dans l'instrumentalisation des droits de l'homme la source du principal danger qui menace la vie de nos démocraties : « En devenant le foyer de sens actif des démocraties, les droits de l'homme sont devenus simultanément le ressort de leur difficulté d'être politique [...]. En érigeant les droits de l'homme en source, on se vouait à libérer une dynamique sociale qui nous éloignerait de la plus grande démocratie souhaitée. On aurait peut-être davantage de latitude pour les individus, mais certainement moins de capacité à délibérer et à décider en commun. Constituer les droits de l'homme en une politique, c'était se promettre à l'impuissance collective. [...] La démocratie est menacée de devenir fantomatique en perdant sa substance du dedans, sous l'effet de ses propres idéaux[1]. » Les droits de l'homme seront-ils les fossoyeurs de l'aventure humaine européenne ?

Pour le président de la République, « la République ne peut pas accepter qu'une religion investisse l'espace public sans son autorisation ; mais, dans le même temps, la République implique qu'elle tienne ses promesses en permettant que chacun puisse prier dans des lieux dignes[2] ». Quand la République a-t-elle fait une telle promesse ? La loi de 1905 est pourtant limpide

---

1. Marcel Gauchet, *La Démocratie contre elle-même*, Gallimard, 2002.
2. Vœux du président de la République aux autorités religieuses, palais de l'Élysée, 7 janvier 2011.

comme de l'eau de roche : « La République assure la liberté de conscience. Elle garantit le libre exercice des cultes, sous les seules restrictions édictées ci-après dans l'intérêt de l'ordre public. » La nuance entre *assure* et *garantit* est de taille ! Comme le précise le sociologue et philosophe Émile Poulat, « entre "assurer" et "garantir", la distinction du législateur a fini par s'estomper, même parmi les juristes. Elle est pourtant fondée. La liberté de conscience est une liberté individuelle, fondatrice des libertés publiques, un droit de l'homme reconnu et non octroyé par l'État. La *liberté de culte*, ignorée par la déclaration de 1789, est une liberté collective et seconde, que le droit moderne fonde sur la précédente ; son exercice suppose un concours de fidèles dont l'État n'a pas à se mêler[1] ». La loi stipule en effet que « la République ne reconnaît, ne salarie ni ne subventionne aucun culte ». Aussi, selon Émile Poulat, « l'État moderne ne reconnaît, constitutionnellement, qu'un seul pouvoir, politique, et des autorités multiples : militaires, judiciaires, financières, voire religieuses (les "forces morales et spirituelles"), ainsi que de "hautes autorités" spécialisées ». Il est aujourd'hui indispensable, et ce dans leur propre intérêt, que les nouveaux entrants et leurs descendants comprennent qu'ils se doivent de démontrer leur capacité à respecter les lois de la République.

La situation de la France est bien trop grave pour que son président puisse continuer de jouer simultanément sur deux tableaux antagonistes : d'un côté, la

1. Émile Poulat avec le concours de Maurice Gelbard, *Scruter la loi de 1905. La République française et la religion* », Fayard, 2010.

ligne respectueuse des principes républicains incarnée par des hommes tels qu'Henri Guaino (« Il ne faut pas rouvrir un débat qui, en France, n'intéresse personne jusqu'au jour où il est rouvert. Car le jour où il est ouvert, cela devient la guerre civile[1] ») ; de l'autre, la ligne de rupture avec les principes républicains, défendue entre autres par une personnalité telle que Rachida Dati[2], qui ose, à mots à peine voilés, inciter les musulmans à moins de docilité envers la République[3] quand il n'est question que de respecter les lois qui s'imposent à tous sur le territoire national.

Chacun devrait, aujourd'hui, s'appliquer à exiger le respect de ces lois afin que la paix puisse perdurer. C'est pourquoi tout ce qui élève des murs entre les hommes et est potentiellement porteur de conflits doit être cantonné à l'espace privé afin que les lieux accessibles à tous, tels les services publics, les hôpitaux, les entreprises, les établissements de l'enseignement supérieur, etc., cessent d'être des lieux où les tensions s'exacerbent chaque jour davantage, pour redevenir des espaces de sociabilité.

Il est un sujet beaucoup moins connu des Français qui illustre pourtant, lui aussi, le renoncement manifeste de nos élites politiques au respect de la laïcité. Comme l'écrivait Isabelle Rey-Lefebvre dans le journal

---

1. Henri Tincq, « Sarkozy et Dieu », *Le Monde*, 14 février 2008.
2. Rachida Dati, « La discrimination positive, faisons-la ! », *Le Monde*, 30 décembre 2010.
3. Rachida Dati : « Pour des occupants, les musulmans sont bien dociles », RTL, la chronique de Jean-Michel Aphatie, 13 décembre 2010.

Le Monde, « la ministre des Finances, Christine Lagarde, continue d'adapter les règles fiscales et juridiques pour faciliter les investissements conformes à la charia, la loi islamique[1] ». Ainsi pouvait-on lire dans le *Bulletin officiel des impôts* du 24 août 2010, « la présente instruction a pour objet de préciser le régime fiscal applicable à un des principaux outils de la finance islamique : l'opération de *murabaha* avec ordre d'achat, à laquelle s'ajoutent les opérations de *tawarruq* (opérations de financement réalisées au travers d'une opération de *murabaha*) et de dépôt rémunéré par une opération de *murabaha*[2] ».

Cette directive était confortée par une allocution prononcée le 22 novembre 2010 devant des représentants de la Chambre de commerce franco-arabe par le président de la République, dont voici un extrait : « Nous souhaitons et nous devons être plus attractifs pour les investisseurs arabes en France, et je fais d'ailleurs un lien avec la finance islamique parce que tout ceci s'inscrit dans la même logique. Les pouvoirs publics sont pleinement engagés pour encourager cette volonté : des institutions comme Ubifrance ont vocation à vous apporter le concours nécessaire pour développer vos projets ; nos ambassades ont instruction d'être à l'écoute des acteurs

1. Isabelle Rey-Lefebvre, « Immobilier : Paris essaie d'attirer les investisseurs respectant la loi islamique », *Le Monde*, 27 juillet 2010.
2. Ministère du Budget, des Comptes publics, de la Fonction publique et de la Réforme de l'État, *Bulletin officiel des impôts*, n° 78, Direction générale des finances publiques 4 FE/S1/10, instruction du 23 juillet 2010.

économiques, le temps est révolu où les diplomates entendaient ne pas se mêler de commerce ; les choses ont heureusement bien changé[1]. » Ce discours est aussi l'occasion pour le Président d'évoquer une drôle d'intégration : on « est intégré avec son identité ». Il est très surprenant d'observer combien les contenus des discours des hommes et femmes politiques, souvent écrits par leurs conseillers, peuvent varier d'un jour à l'autre. C'est à se demander si ces hommes et femmes politiques prennent connaissance de leurs discours avant de les prononcer. Cette variabilité selon les jours et les circonstances instille le doute quant au fait qu'ils possèdent une pensée propre et ne manque pas d'interroger le fonctionnement même de notre démocratie. Pour quelles idées politiques les électeurs votent-ils vraiment en glissant le nom du candidat dans l'urne lorsque celles-ci deviennent flottantes ?

Respecter l'Égalité républicaine

DÉCLARATION DES DROITS DE L'HOMME ET DU CITOYEN DE 1789

« Les Représentants du Peuple Français, constitués en Assemblée nationale, considérant que l'ignorance, l'oubli ou le mépris des droits de l'homme sont les seules causes des mal-

---

1. Palais de l'Élysée, allocution du président de la République lors du 40e anniversaire de la Chambre de commerce franco-arabe, 22 novembre 2010 (source, http://www.elysee.fr/president/les-actualites/discours/2010/allocution-lors-du-40eme-anniversaire-de-la. 10074.html).

heurs publics et de la corruption des Gouvernements, ont résolu d'exposer, dans une Déclaration solennelle, les droits naturels, inaliénables et sacrés de l'homme, afin que cette Déclaration, constamment présente à tous les membres du corps social, leur rappelle sans cesse leurs droits et leurs devoirs [...].

Article VI

« La Loi est l'expression de la volonté générale. Tous les Citoyens ont droit de concourir personnellement, ou par leurs Représentants, à sa formation. Elle doit être la même pour tous, soit qu'elle protège, soit qu'elle punisse. Tous les Citoyens étant égaux à ses yeux, sont également admissibles à toutes dignités, places et emplois publics, selon leur capacité, et sans autre distinction que celle de leurs vertus et de leurs talents. »

Depuis plus de trente ans, lorsqu'un problème d'insertion-intégration est montré du doigt, dans leur immense majorité les politiques regardent le doigt. Ils ne travaillent que très rarement sur les causes profondes des problèmes d'insertion-intégration. Ils ne traitent pas des sources qui alimentent les problèmes des enfants issus de l'immigration. Ils n'ont, de ce fait, guère de chance de les secourir. Mais le cherchent-ils vraiment ? En vérité, ils se donnent bonne conscience en se focalisant sur un petit nombre de personnes qu'ils érigent en exemples.

Voici les conclusions de travaux menés par la sociologue Jacqueline Costa-Lascoux : « Les rapports de la Haute Autorité de lutte contre les discriminations et pour l'égalité (Halde) et plusieurs enquêtes soulignent à juste titre le caractère inadmissible des discriminations dans le monde du travail. Il n'est pas question d'en nier la réalité. Toutefois, pourquoi analyser le refus d'embauche ou de stage sous le seul angle de la discrimination raciste ou ethnique ? » La sociologue rapporte ce qui a été observé lors d'entretiens d'embauche qui ont été filmés : « Les résultats sont éloquents. Nombre de jeunes, par crainte ou par un sentiment de fatalité, arrivent en retard, habillés en jogging, la casquette sur la tête, poussant la porte sans frapper, s'asseyant sans saluer sur le bord de la chaise, le corps renversé comme pour regarder la télé, ne posant aucune question sur le travail, mais en en rajoutant sur le salaire et les vacances… […] Lorsque la scène est rediffusée aux protagonistes, les jeunes sont étonnés de leur "look" et sont les premiers à dire que, s'ils étaient employeurs, "ils ne se prendraient pas" », et la sociologue de conclure : « L'ignorance des codes sociaux et culturels au travail est l'obstacle le plus évident à l'embauche. Au lieu de crier immédiatement au racisme, il serait préférable non pas de raisonner en termes de catégories de populations, mais en termes d'analyse de situations […][1]. »

Autre constat, extrait d'une étude de l'Observatoire national des zones urbaines sensibles : « Si les femmes d'origine immigrée ont quatre fois moins de chances d'être en emploi lorsqu'elles vivent en ZUS plutôt qu'ailleurs, leur niveau de formation, d'âge et la com-

1. Jacqueline Costa-Lascoux, *L'Humiliation : les jeunes dans la crise politique* », éditions de l'Atelier, 2008.

position de leur cellule familiale expliquent la majeure partie de cette différence[1]. »

Comment les politiques ont-ils répondu aux problèmes de fond pointés dans ces études et dans de nombreuses autres ? Ils y ont répondu par le projet de rénovation urbaine, véritable gouffre financier qui est de plus hors sujet ; l'instauration de la loi SRU et de la Haute Autorité de lutte contre les discriminations et pour l'égalité (Halde), ainsi que par l'abandon du mérite républicain (au profit de la discrimination positive), ce principe, fruit de la nuit du 5 août 1789 qui symbolise aux yeux des citoyens l'abolition des privilèges. C'est dire la charge émotionnelle d'un tel symbole pour le peuple français ! La discrimination positive a en premier lieu été introduite sur base territoriale, puis sur base ethnique au travers de la Charte de la diversité et aujourd'hui par l'introduction du caractère de boursier.

La Charte de la diversité encourage les entreprises à prendre en compte l'ethnie dans les processus de recrutement et de promotion :

« Engagement n° 3 de la Charte de la diversité : Nous [les entreprises signataires] nous engageons à chercher à refléter la diversité de la société française et notamment sa diversité culturelle et ethnique dans notre effectif, aux différents niveaux de qualification [...]. Engagement n° 6 : Nous nous engageons à inclure dans le rapport annuel un chapitre descriptif de notre engagement de non-discrimination et de diver-

1. Observatoire national des zones urbaines sensibles, rapport 2010.

sité : actions mises en œuvre, pratiques et résultats[1]. » Un « label diversité » a été créé[2] et un commissariat à la diversité a même été institué, présidé par Yazid Sabeg.

La Halde a été créée par la loi du 30 décembre 2004. Elle est le produit de la transposition dans le droit français de la directive européenne 2000/43 du 29 juin 2000. Posons-nous la question, plus précisément, de la véritable mission de la Haute Autorité de lutte contre les discriminations et pour l'égalité et des buts qu'elle poursuit. Observons pour cela son mode de fonctionnement. Pour assurer sa propre existence, la Halde a un intérêt manifeste à voir la vie au travers du prisme des discriminations. Comment des hommes politiques « responsables » ont-ils pu concevoir un organisme qui crée chaque jour son propre travail, comme d'autres fabriqueraient leur pain quotidien ? Imaginons un instant les juges sortant de leurs palais de justice afin de scruter nos vies dans le but d'y débusquer leur propre pitance, à savoir des potentiels litiges qui alimenteraient leur « fonds de commerce » ! La Halde possède des pouvoirs considérables. Outre son pouvoir de recommandation, elle détient un pouvoir d'investigation auprès des personnes privées. Elle détient également le pouvoir de faire des « descentes » en tout lieu, dont les

1. La Charte de la diversité en entreprise a été instituée en octobre 2004. Elle comprend actuellement 3 076 entreprises signataires. La liste peut être consultée à l'adresse : http://www.charte-diversite.com/charte-diversite-les-signataires.php

2. La création de ce label « diversité » a été annoncée par le président de la République dans son discours à l'École polytechnique sur l'égalité des chances. Ce label a été créé par décret le 17 décembre 2008

entreprises, dans le but de procéder à des « testings ». La puissance publique a quant à elle obligation de lui apporter son concours. Elle détient également un pouvoir de mise en demeure et de saisine du juge des référés. C'est, dans les faits, une version moderne de l'Inquisition. Dans son principe même et son existence, puisqu'elle produit des recommandations (consultation pour tout projet de loi) et des délibérations (avis), la Halde concurrence les pouvoirs législatif et judiciaire ; tout au moins essaie-t-elle de les influencer.

Le jounal *La Tribune* nous détaille les activités de la Halde pour l'année 2009 : « 10 545 réclamations, soit une augmentation de 21 % par rapport à 2008. 177 dossiers ont donné lieu à un règlement à l'amiable, 212 à une intervention devant les tribunaux et 8 à une transaction pénale[1]. » Il apparaît donc clairement que la plupart des réclamations ne sont pas fondées et que les cas de discrimination avérés ne sont pas légion. La Halde alimente en réalité le fantasme qui pousse à se penser comme victime. Cela ne participe pas vraiment au renforcement du lien social ni à la concorde civile.

Au printemps 2008, le Parlement français examine la transposition dans le droit français d'une directive européenne qui a trait à la lutte contre les « discriminations ». Nadine Morano, secrétaire d'État à la Famille, rappelle alors aux élus récalcitrants : « La définition qui apparaît dans le projet de loi est directement issue des directives communautaires. Le gouvernement a repris cette définition au mot près, car la

1. Agnès Laurent, « Pourquoi les entreprises n'aiment pas la Halde », *La Tribune*, 6 mars 2010

Commission européenne nous a demandé très explicitement de le faire dans les avis motivés qu'elle nous a adressés. Elle indique ainsi : "La formulation adoptée dans la directive est importante afin de déterminer les situations de discriminations à travers la méthode comparative dans le passé, le présent ou le futur." Il s'agit, pour la Commission, d'un point fondamental de la transposition des directives relatives aux discriminations, sur lequel elle nous a indiqué qu'elle ne ferait aucune concession et n'hésiterait pas à saisir la Cour de justice des Communautés européennes. Il faut donc être clair : si le projet de loi contient une autre définition que celle des directives, la France sera condamnée en manquement par la CJCE [Cour de justice des Communautés européennes][1]. »

Le droit communautaire prime sur le droit national, y compris sur ses normes constitutionnelles. C'est, dans les faits, la marque de fabrique d'une Europe qui a voulu se construire par la violence que porte en lui le mépris des lois que les peuples européens se sont données et qui sont les fruits de leur histoire. Ce n'est pas contre ses propres peuples que l'Union aurait dû se construire, mais pour eux, bien au contraire, et en s'appuyant sur leur inestimable richesse. Il était prévisible que cette Europe, animée de la conviction, fausse par ailleurs, de pouvoir plus facilement se construire sur le cadavre des nations et de l'identité de ses peuples, finirait par provoquer des phénomènes de résistance, puis d'hostilité.

1. Sénat, séance du 9 avril 2008.

Depuis de nombreuses années, les élites bercent d'illusions les populations issues de l'immigration avec une idéologie victimaire dont le corollaire est la repentance des Français, auxquels il appartiendrait de réparer les injustices dont ils se seraient rendus coupables. Chemin faisant, ces « élites » dressent ces populations contre les Français de souche européenne, désormais identifiés comme les responsables de leur malheur. Comment s'étonner, alors, que ces derniers soient de plus en plus souvent la cible d'attaques ? Les défilés d'étudiants attaqués par des « jeunes » de banlieue, comme les surnomment les médias, en attestent. Comment a-t-on pu un seul instant croire possible de créer les conditions d'une vie commune en divisant l'espace social entre victimes de discriminations et bourreaux qui discriminent ? Incroyable retournement de situation que de voir une terre qui accueille des familles fuyant leur propre patrie être la cible d'une immigration qu'elle n'a ni voulue, ni choisie. Les contribuables financent, malgré eux, une myriade d'associations qui les combattent au quotidien et participent à fragiliser la paix dans leur société. Faut-il encore leur reconnaître une utilité publique ? Ces associations, ainsi que l'État, ont l'urgente obligation morale de renouer avec la défense de l'intérêt général.

Il est impératif de supprimer les structures qui s'ingénient à diviser le corps social de notre pays en dressant des catégories de personnes les unes contre les autres et en injectant, chemin faisant, haine et ressentiment des uns envers les autres. Les juridictions existantes sont parfaitement en mesure de traiter des discriminations qualifiées.

Ériger systématiquement en victimes potentielles de discriminations les membres des populations d'origine immigrée qui rencontrent des problèmes d'insertion économique ou d'intégration à la communauté nationale est fortement contre-productif. Les familles traduisent cette idéologie de la victimisation en l'idée suivante : c'est à la société française, et non à eux, de construire l'avenir de leurs enfants. Comment espérer, dans ces conditions, que ces familles puissent un jour établir une quelconque relation entre l'effort qu'exige toute réussite dans la société française, et leur très insuffisant niveau d'investissement dans le projet éducatif de leurs enfants ? L'assistanat dans lequel l'État emprisonne de très nombreuses familles de l'immigration les place en position d'infériorité. Or, pour pouvoir instaurer une relation qui aboutisse à la responsabilisation de chacun des acteurs, il est fondamental de permettre la fluidité du don et sa réciprocité. Le sociologue Marcel Mauss insistait sur le fait que tout cadeau met en jeu trois éléments : donner, recevoir et rendre[1]. Empêcher un acteur de rendre, cela déséquilibre la relation et crée des tensions. Ne jamais créer la situation qui permette à l'autre de donner, ou bien de rendre tout ou partie de ce qui lui a été donné, peut être vécu comme une humiliation créatrice de frustration et d'un sentiment de violence. Occulter aux enfants de l'immigration qu'ils ont un rôle actif à jouer, c'est par ailleurs ruiner définitivement leurs chances

1. Marcel Mauss, *Essai sur le don*, introduction de Florence Weber, PUF, 2007

d'insertion. Atteindre l'objectif d'égalité républicaine passe par la responsabilisation de chacun.

Aujourd'hui, c'est au tour des grandes écoles d'être ciblées par des mesures de discrimination positive. Au travers du quota de 30 % de boursiers imposé à ces grandes écoles, c'est en effet la population de l'immigration que l'on souhaite privilégier, tout comme cela a été le cas avec le critère géographique. La commission Veil ayant refusé d'inscrire la « diversité » dans le préambule de la Constitution, il a donc fallu trouver le moyen de contourner l'obstacle pour favoriser les populations d'élèves ciblées par ce plan : le critère « boursier » a fait l'affaire. Je ne reviendrai pas ici sur les conventions ZEP-Sciences Po que j'ai abordées dans *Le Puzzle de l'intégration*, mais je dois évoquer les nouvelles mesures de discrimination positive qui ont été mises en œuvre dans l'enseignement supérieur.

En 2007, dans sa feuille de route, le ministre de l'Enseignement supérieur, Valérie Pécresse, se voyait fixer l'objectif de veiller à ce que « 5 % des meilleurs élèves de chaque établissement scolaire accèdent aux classes préparatoires [aux grandes écoles] ». Dans la même lettre de mission, il était précisé que cette mesure devait être mise en place pour lutter contre « les discriminations ». Je suis profondément choquée par cette accusation larvée portée contre les directeurs d'établissement et le corps professoral : car enfin, n'est-ce pas les suspecter, puisque ce sont eux qui siègent dans les commissions d'admission ? Quel intérêt les universités et les grandes écoles auraient-elles à se priver de têtes bien faites ?

Que signifie ce chiffre arbitraire de 5 %, qui fait fi du niveau réel des savoirs détenus par les élèves ? Une telle mesure politique est destinée à assurer que les élèves issus des lycées de plus faible niveau se retrouveront tout de même en classes préparatoires. Les lycées visés sont, dans les faits, ceux des zones d'éducation prioritaires, dont les élèves proviennent, en grande majorité, des populations issues de l'immigration maghrébine et africaine.

Loin de favoriser la réussite des élèves, cette accusation portée à l'encontre de notre système éducatif les dessert fortement. Elle contribue en effet à alimenter l'idée que les professeurs commencent d'abord par discriminer en ne retenant pas un dossier. Est-il utile de rappeler qu'un élève qui se défie de l'école est un élève qui ne peut se placer en situation de développer effort et régularité dans le travail, tous deux indispensables à la réussite ?

À la même période, et plus précisément en décembre 2007, un plan baptisé « réussite en licence » fut mis en place pour endiguer le phénomène d'échec à l'université : 730 millions d'euros furent alloués avec l'ambition affichée de diviser par deux, à l'horizon 2012, le taux d'échec des 52 % d'étudiants qui ont un très faible niveau et ne peuvent réussir l'épreuve de vérité que constitue la première année universitaire. Ce plan prévoit que la première année soit une année pluridisciplinaire et recentrée sur les fondamentaux ; ce qui, traduit en français, désigne tout ce qui aurait dû être fait avant le fameux bac qui a été offert à de nombreux élèves qui n'en avaient pas le niveau. Précisons que, à ce stade, ce qui est espéré de ce plan est bien plus qu'un sauvetage ; cela s'apparente davantage à un tour de magie. La ministre aura-t-elle réussi à endosser les habits de la marraine de Cendrillon ? Sera-t-elle parvenue à transformer une citrouille en carrosse, et des souris en splendides chevaux ?

Moins de trois ans plus tard, l'Inspection générale de l'administration de l'Éducation nationale et de la Recherche (IGAENR) émet une critique sévère à l'encontre de ce plan et pose la question de son efficacité[1]. La réponse ? Une rallonge de 40 millions d'euros[2] à ce même plan ! On ne peut faire grief au ministre de l'Enseignement supérieur de n'avoir pas réussi à se transformer en magicienne, mais pourquoi persévérer à ne pas vouloir mettre en lumière le fond du problème ?

Automne 2010, le ministre de l'Enseignement supérieur enjoint aux grandes écoles de recruter 30 % de boursiers et, dans le même temps, de revoir le contenu des épreuves de leurs concours d'entrée. On l'aura compris, l'introduction du critère « boursier » pour l'accès aux grandes écoles vise les enfants de l'immigration. Le critère « boursier » n'est en effet qu'un subterfuge pour masquer le recours à l'ethnie ou à la race.

---

1. Inspection générale de l'administration de l'Éducation nationale et de la Recherche, « Note à madame la ministre de l'Enseignement supérieur et de la Recherche, relative à la mise en œuvre du plan pour la réussite en licence », rapport n° 2010-091, juillet 2010.
2. Assemblée nationale, audition du ministre de l'Enseignement supérieur et de la Recherche, 26 octobre 2010.

Ainsi en va-t-il des expériences de passe-droit pour entrer dans certaines grandes écoles, comme les conventions ZEP-Sciences Po, où l'on voudrait faire croire aux Français que l'on peut réussir à vider un océan de misère avec une petite cuillère en argent. Rappelons ici que ce sont 150 000 jeunes qui sortent chaque année du système éducatif sans aucun diplôme, chiffre qui monte à 190 000 si l'on prend en compte les jeunes qui sortent sans aucune qualification. Sur ces 150 000, les deux tiers sont des enfants de l'immigration[1].

Tout autres sont les dispositifs qui apportent une aide à ces élèves avant de les laisser passer les mêmes épreuves des concours. C'est la seule voie qui permette l'acquisition d'une légitimité, alors que la discrimination positive jette une suspicion systématique sur les compétences des personnes qui ont été favorisées, soustraites à l'exigence de vérification des compétences à laquelle les autres se sont pliés. Cet examen commun, dans les mêmes conditions, est par ailleurs capital pour la construction du sentiment de confiance en soi. La légitimité, ce sont les autres qui nous la donnent ; elle ne se décrète pas, et on ne se l'attribue pas soi-même. Parmi les dispositifs qu'il convient d'encourager, car ils s'attachent à ne pas violer le principe de l'égalité républicaine, citons – entre autres, car ils sont très nombreux – l'engagement du lycée Henri-IV à Paris ; l'Essec ; l'École polytechnique, l'école de la seconde chance ; les différents dispositifs des cordées de la réussite ; le programme de tutorat « un avenir

---

1. Insee, « Les immigrés en France », édition 2005.

ensemble » de la Légion d'honneur ; les classes préparatoires aux études supérieures (CPES), classes qui permettent aux élèves d'intégrer les codes sociaux et comportementaux que leur milieu familial ne leur a pas forcément transmis et qui sont indispensables à la réussite d'études supérieures. Il est toutefois important de rappeler que ces dispositifs ne s'adressent qu'à une minorité d'élèves ; que l'on ne peut à ce stade tardif escompter combler toutes les lacunes qui auront été accumulées depuis le plus jeune âge ; et que c'est véritablement sur la masse des élèves qui sortent du système scolaire sans diplôme ni qualification, et qui mettent de ce fait en danger la cohésion sociale – et parfois même nationale – que doit porter l'effort de notre société. C'est ce à quoi s'attellent des dispositifs tels que les écoles de la deuxième chance (E2C) et Défense deuxième chance.

Nous sommes dans une économie qui fait de plus en plus appel au savoir et à la connaissance, et l'on imposerait à nos grandes écoles la prise en compte d'un critère étranger à ces qualités ? « Et c'est pour cette raison que nous devons travailler sur nos concours d'entrée [...], déclare la ministre de l'Enseignement supérieur. Ce chantier passe par une évolution de certaines épreuves, je pense en particulier aux oraux ou aux épreuves de langue, mais aussi, pourquoi pas, à l'introduction de nouvelles manières d'apprécier objectivement les qualités intellectuelles et personnelles des candidats [...]. J'y suis d'autant plus attachée que nous avons, d'ores et déjà, ouvert largement les portes des classes préparatoires aux boursiers [...]. Ce volontarisme dans l'ouverture des classes préparatoires, nous sommes, j'en suis également certaine, capables d'en faire preuve sur la question des concours[1]. » Le plus sidérant, c'est que dans le même discours est exprimée la conviction que cela n'aura aucune incidence sur le niveau réel des élèves, ni sur la qualité du diplôme obtenu en bout de course !

Faisant référence aux stratégies développées par les grands pays émergents pour accroître leur puissance et leur influence, Xavier de Villepin et François Thual insistent sur le fait que « ces pays ont compris mieux que d'autres la mondialisation et la nécessité de former des ingénieurs, 300 000 par an en Inde[2] ». Or, constatant que le nivellement par le bas des exigences scolaires n'a pas suffi à permettre une ascension scolaire suffisante aux enfants de l'immigration extra-européenne, voilà qu'on s'attaque à présent au système éducatif d'excellence[3]. Les Français doivent comprendre, tant qu'il est encore temps, que la méritocratie républicaine et l'excellence dans notre système d'enseignement supérieur sont cruciales, car c'est d'elles que dépend entièrement la capacité de la France à innover et à demeurer compétitive dans une mondialisation impitoyable.

Il ne saurait être question d'« adapter » par le bas les établissements de l'enseignement supérieur, qui formeront notamment les ingénieurs qui seront amenés demain à construire des avions, des trains, des machi-

1. Discours du ministre de l'Enseignement supérieur et de la Recherche en clôture du congrès de la Conférence des grandes écoles, Collège de France, 8 octobre 2010.
2. Xavier de Villepin et François Thual, *Tous contre l'Occident ?*, Ellipses, 2009.
3. Jean-Paul Brighelli, *Tireurs d'élites*, Plon, 2010.

nes de radiothérapie, des centrales nucléaires, etc., dont la conception exige un niveau de savoir réel, et non bradé. Aucune autre qualité que celle de la compétence ne doit être prise en compte dans tous ces domaines. Je le répète, notre pays n'a strictement aucune chance de s'en sortir dans la mondialisation s'il n'ancre pas notre société dans l'innovation. Avoir en permanence un train d'avance dans la conception de nouveaux produits devient vital pour la France. C'est la seule voie qui nous permettra de créer de nouveaux emplois ainsi que de la richesse. Pour cela, nous devons veiller à ce que la démocratisation de l'enseignement soit réelle, et non factice. Les grandes écoles ont pour mission de former des têtes aussi bien faites que possible, et non de pallier les déficiences de l'État qui s'est montré incapable d'aider les enfants des familles défavorisées quand il en était encore temps, à savoir dans les premières années de leur cursus scolaire. Les politiques et le ministère de l'Éducation nationale n'ont eu de cesse de temporiser, de repousser les exigences plus tard dans les cursus ; finalement, comme aucune amélioration ne se faisait, on a allégé les programmes, modifié les concours… Et maintenant, il faudrait s'alarmer de la sous-représentation de certains élèves au moment de l'entrée dans les grandes écoles ? Les copies des concours sont anonymes. Comme je l'ai déjà précisé, c'est très en amont qu'il faut s'inquiéter des niveaux, des orientations, et des épreuves qui vont avec, pour que les enfants qui n'ont pas la chance de disposer d'un milieu familial sensible aux conditions d'apprentissage et d'épanouissement de leur progéniture puissent se hisser dans la société.

Que notre classe politique laisse nos grandes écoles scientifiques en paix, afin qu'elles puissent continuer d'assurer leur mission de formation d'ingénieurs qui développeront les produits innovants de demain ; que notre classe politique n'oublie jamais de financer la recherche fondamentale, la « recherche pour la recherche », comme l'a si bien qualifiée le Premier ministre[1] – cette recherche qui a enfanté les théories et les découvertes sans lesquelles aucun ingénieur n'aurait jamais pu développer des procédés et des techniques – ; que notre classe politique laisse la science en paix, au lieu de chercher à la rendre responsable de l'échec scolaire et d'en venir à réformer le lycée pour en réduire la présence[2]. La France ne s'en portera que mieux !

---

1. Institut de physique du globe de Paris, discours du Premier ministre François Fillon, 11 octobre 2010 : « J'ai toujours défendu la recherche pour la recherche, la recherche sans finalité prédéterminée, sans jamais l'opposer à la recherche appliquée. [...] J'ai toujours défendu la liberté qui lui est nécessaire : liberté de cultiver le doute, d'être ouvert à l'imprévisible et même de rencontrer des impasses, au fond desquelles jaillissent parfois des lumières inattendues. »

2. Extraits de la pétition « La France a besoin de scientifiques », portée par des prix Nobel, des médaillés Fields et des personnalités du monde de la science : « La société du XXIe siècle va avoir un grand besoin des scientifiques à tous les niveaux [...]. Notre pays a besoin d'un engagement de la jeunesse dans les sciences [...]. C'est pourquoi les enseignants, mais aussi les milieux scientifiques, économiques et industriels s'inquiètent des conséquences de la réforme actuelle du lycée sur l'avenir de notre pays. L'occasion était donnée de renforcer l'enseignement en sciences au lycée afin de former les professionnels et les scientifiques dont la France a

Sur le terrain, la pratique de la discrimination positive se transforme, de manière très concrète, en discrimination négative envers les Français de souche européenne : « L'Oréal fait de la discrimination positive et l'assume [...], déclare le directeur général du groupe Jean-Paul Agon. Aujourd'hui, lorsque nous rencontrons un candidat qui a un prénom d'origine étrangère, il a plus de chances d'être recruté que celui qui porte un prénom français de souche[1]. »

Ces propos discriminatoires à l'égard des Français de souche ont été tenus par le dirigeant d'un groupe qui emploie 12 000 personnes en France. Autre illustration : « À compétences égales, eh bien désolé, on choisira la femme ou on choisira la personne venant d'autre chose que le mâle blanc pour être clair[2]. » Ces propos discriminatoires à l'égard des hommes blancs ont été tenus par Anne Lauvergeon, patronne d'un groupe français qui emploie 50 000 personnes. Imaginons que de tels propos aient été tenus à l'encontre d'autres couleurs que la couleur blanche ; toutes les associations de France et de Navarre auraient rué dans les brancards. Là, il ne s'est

---

besoin pour garder sa place dans la compétition mondiale. Or moins de la moitié des horaires en première S est consacrée aux sciences : ce n'est pas raisonnable. »

1. Jean-Paul Agon, « L'Oréal fait de la discrimination positive et l'assume », propos recueillis par Nathalie Brafman et Stéphane Lauer, *Le Monde*, 13 juillet 2007.

2. Propos tenus par Anne Lauvergeon lors du Women's Forum à Deauville, « Journal » de France 2, 16 octobre 2009.

rien passé. Comment expliquer, par ailleurs, que de tels propos et attitudes n'aient pas été sanctionnés par la loi ?

Parce que le racisme est devenu, comme je l'ai précédemment évoqué, un concept à géométrie variable, qui ignore superbement les comportements qui frappent les Français de souche européenne. Le 14 mai 2009, le ministre de l'Immigration félicitait le groupe L'Oréal pour sa politique de recrutement et le gratifiait du « label diversité »...

La reconnaissance du mérite selon les seuls vertus et talents constitue l'un des plus importants repères de notre société. C'est une composante essentielle du sentiment de justice dans notre pays. Faire tomber un tel pilier ne pourra demeurer bien longtemps sans conséquence.

Aujourd'hui, afin d'avantager des enfants issus de l'immigration qui ne détiennent pas nécessairement le niveau requis pour prétendre à certains lycées réputés, des quotas d'admission ont été instaurés dans le but de limiter les flux provenant de certains collèges de leurs bassins scolaires : on sacrifie au passage des élèves pourtant méritants pour pouvoir faire de la place à la « diversité ». Que répondre aux familles et aux enfants qui ont joué le jeu de la République et se retrouvent écartés de ces lycées pour la simple raison qu'ils ne sont pas issus de la bonne ethnie, à savoir d'une ethnie non européenne ?

Il ne me semble pas, au vu de l'âpreté de la compétition internationale, que notre pays puisse se permettre un tel comportement. Nous parlons ici de la préparation de ceux qui auront un jour pour mission de contribuer à maintenir l'avantage compétitif de la

France. Là aussi, il y a un manque flagrant de vision et d'anticipation. L'hémiplégie de l'État, qui se révèle totalement obsédé par la question des populations de l'immigration, risque de coûter très cher à la France ! « Notre pays, qui a longtemps fait la course en tête, se trouve actuellement dans une crise profonde de l'intelligence et de la volonté politique [...], écrit Marcel Gauchet. Sur tout le continent, la classe politique est incapable de prendre en charge le phénomène de l'immigration, qui est une transformation énorme, un choc culturel particulièrement fort dans les pays qui n'ont aucune tradition en ce domaine. L'indignation morale n'est pas une réponse. Plus la distance culturelle est grande, plus le problème est ressenti[1]. »

Nos élites se donnent aussi bonne conscience en nommant à de hauts postes des personnes d'origine africaine ou maghrébine, qui sont ensuite mises en avant et exhibées, comme à l'époque des expositions coloniales. Les médias participent à ce jeu d'intoxication des citoyens ; il n'est qu'à compter les « unes » et les émissions qu'ils leur consacrent. Par quelle magie le fait de propulser ces personnes au sommet du pouvoir aiderait-t-il à combler les innombrables lacunes des enfants de l'immigration ? Par quel miracle de telles nominations pourraient-elles faire pousser des ailes à ceux des enfants de l'immigration qui sont aujourd'hui affectés des plus sérieuses difficultés d'insertion et de réussite scolaire ? Ces nominations ne sont en réalité

1. Marcel Gauchet, « Nos dirigeants sont pétrifiés », propos recueillis par Anne-Laure Barret, *Le Journal du dimanche*, 1er janvier 2011.

que des voiles cache-misère, qui focalisent l'attention pour la détourner de la question de la réussite sociale pour le plus grand nombre. En d'autres termes, les gens d'en haut peuvent ainsi continuer de vivre tranquillement leur existence entre eux.

Le professeur Benn Michaels a parfaitement montré comment la diversité jouait en réalité contre l'égalité[1]. La diversité sert le libéralisme dévoyé. Ce n'est donc pas un hasard si cette idéologie a reçu autant de soutiens zélés de la part de l'*establishment* ; c'est ce qui l'a aidée à se propager aussi rapidement qu'une traînée de poudre. Dans les discours et dans l'action politique, la « diversité » a désormais remplacé la classe populaire française, passée à la trappe. La promotion de la diversité est devenue un véritable business qui alimente politiques, patrons, associations, chercheurs en mal de notoriété, et bien sûr des personnes issues de l'immigration qui trouvent là un moyen fort commode de brûler toutes les étapes dans leur promotion sociale. Les cocus de cette entreprise sont les Français de souche européenne du peuple d'en bas, et bien sûr la grande masse des populations de l'immigration auxquelles on continue de mentir sur la réalité des efforts à développer pour réussir son insertion dans la société française.

Dans *Le Puzzle de l'intégration*[2], j'avais longuement détaillé les effets pervers de la discrimination positive aussi bien sur les enfants de l'immigration que sur les Français de souche européenne, et j'avais listé plus

1. Walter Benn Michaels, *La Diversité contre l'égalité*, Le Seuil, coll. « Liber-Raisons d'agir », 2009.
2. Malika Sorel, *Le Puzzle de l'intégration*, *op cit.*

d'une vingtaine de termes sous lesquels cette discrimination positive était soigneusement cachée aux Français, tels ceux d'« égalité réelle » ou de « volontarisme républicain ». Bien que ces politiques aient provoqué de graves fractures au sein des sociétés où elles ont été mises en œuvre, elles continuent d'être déployées en France. Le président américain Barack Obama lui attribue la responsabilité de la fracture raciale dont son pays est prisonnier : « Beaucoup de Blancs de la classe ouvrière et de la classe moyenne ne ressentent pas qu'ils ont été particulièrement privilégiés par leur race. Leur expérience est celle d'immigrants – en ce qui les concerne, personne ne leur a rien donné. Ils ont construit de leurs propres mains. [...] Ainsi quand on leur dit d'envoyer leurs enfants à l'école à l'autre bout de la ville, quand ils entendent qu'un Afro-Américain a obtenu un bon emploi ou une place dans un bon collège en raison d'une injustice qu'ils n'ont pas commise (la discrimination positive), quand on leur dit que leurs peurs à propos de la criminalité dans les quartiers urbains relèvent de préjugés, leur ressentiment s'accroît [...]. Et pourtant, repousser les ressentiments des Américains blancs, les stigmatiser comme mal orientés et même racistes, sans reconnaître qu'ils sont enracinés dans des soucis légitimes, cela aussi approfondit la division raciale et bloque le chemin de la compréhension. Voilà où nous en sommes aujourd'hui. C'est une impasse raciale dont nous sommes prisonniers depuis des années[1]. »

1. Barack Obama, discours de Philadelphie, 18 mars 2008.

Le cas des États-Unis est un remarquable exemple de modèle à fuir – on l'impose pourtant aujourd'hui aux Français. Bien que Noirs et Blancs y partagent de nombreuses valeurs fondamentales, fondées sur une même culture – ce qui participe à les protéger d'affrontements interculturels –, ils ne parviennent toujours pas à se penser autrement qu'en Noirs et Blancs. Quoi de plus normal, puisque ce n'est que la conséquence du clivage entretenu par la discrimination positive, rebaptisée en France « respect de la diversité ». Cette impasse raciale que décrit Barack Obama, cette voie du malheur, c'est celle vers laquelle nous conduisent les communautaristes ou autres chantres de la diversité et de la société « multi-kulti » (*multikulturell*), décrite par la chancelière allemande Angela Merkel comme étant un échec complet[1].

Une France sans la culture française ?

« Dans *Le Figaro*, le secrétaire d'État à la Fonction publique, André Santini, a annoncé qu'il allait bouter la culture générale hors des concours administratifs [...]. André Santini reproche aux épreuves actuelles d'éliminer "tous ceux qui n'ont pas ces codes, souvent hérités du milieu familial. C'est une forme de discrimination invisible"[2]. »

1. Congrès des jeunes de la CDU, Potsdam, 16 octobre 2010.
2. Pascal Riché, « La fin de la culture générale aux concours fait des vagues », *Rue89*, 2 décembre 2008.

André Santini défend quelques jours après cette annonce, en décembre 2008, sa réforme : « La Charte entre la Halde et la Fonction publique est affichée partout. On peut saisir désormais la Halde en cas de discrimination. Mais notre politique en faveur de l'égalité ne se limite pas à cette seule charte. Un seul exemple : la réforme des concours que nous conduisons. Nous les passons en revue pour qu'ils soient plus professionnels et moins académiques, ce qui permet de donner une chance à tous les types de profils pour accéder à la fonction publique. À ce jour, nous avons déjà passé au tamis des concours qui concernent plus de 175 000 candidats. Nous poursuivrons dans cette voie ! La réforme des concours est un élément très important en faveur de la diversité[1]. »

Des fonctionnaires de la fonction publique française, à ce titre première vitrine de l'État français, envers lesquels on ne nourrit même plus une exigence de connaissance minimale de la culture française ? La culture générale n'est pas un luxe, car elle est, pour les enfants issus de l'immigration, la seule voie d'acquisition de la culture française, et donc des principes et valeurs sans lesquels ils ne pourront jamais devenir Français. Comme pour l'imposture de l'ascenseur social, on dupe ici les familles de l'immigration en leur laissant penser que la communauté française pourrait reconnaître comme Français des individus qui ne possèdent pas un minimum de culture française, mais à

1. André Santini, « Quelle réforme pour la fonction publique ? », chat avec les internautes du 5 décembre 2008, source : portail du Gouvernement.

qui il serait donné d'exercer une fonction publique. C'est au travers de cette culture générale que l'on approche en effet la mentalité française. Pour ceux qui n'évoluent pas dans un milieu familial de culture française, rien ne pourra jamais remplacer la littérature, l'histoire, la géographie, la philosopie pour se forger un regard français sur les rapports humains et pour s'approprier l'art de vivre à la française, ou à tout le moins de ne pas le combattre comme c'est de plus en plus fréquent jusque dans l'enceinte des établissements scolaires. En ôtant le pré-requis de la culture générale, on enlève la seule voie qui pouvait permettre aux enfants de l'immigration de tenter de combler un peu du gouffre qui les sépare des autres enfants. Nul ne s'astreindra en effet jamais à acquérir des pans de savoir qui ne sont plus nécessaires pour accéder à l'emploi. L'État, qui est chargé de résorber la fracture culturelle, participe ainsi à l'élargir, car seules les familles qui en connaissent le prix continueront de s'appliquer à les transmettre à leurs enfants. Ainsi, les seules catégories qui se trouvent pénalisées par l'État sont les enfants de l'immigration et les petits des Français de souche des classes défavorisées. Aux enfants des élites, la culture avec un grand C ; à tous les autres, de simples rudiments de français et de mathématiques. Cela est en totale opposition avec l'ambition de l'Égalité républicaine.

Patrick Simon, socio-démographe à l'INED, semble manifestement avoir épousé la thèse selon laquelle les immigrés d'origine extra-européenne et leurs descendants seraient victimes de la France et des Français. Pourtant, certaines de ses observations de terrain contredisent ses thèses : « Quand on parle des concours par exemple... On a fait un travail d'enquête autour des concours [d'entrée] à la haute fonction publique, un concours anonyme complètement, avec un jury [d'oral] qui vient ensuite compléter l'épreuve écrite. Eh bien, la bonne nouvelle, c'est qu'au moment du concours, au moment [de l'épreuve d']oral et quand on reçoit les candidats, il n'y a pas vraiment de différence qui se fait en fonction de l'origine. C'est une bonne nouvelle. La mauvaise nouvelle, c'est qu'à l'écrit, les personnes d'origine immigrée réussissent moins bien que les autres alors même qu'elles ont les diplômes, qu'elles ont les formations de qualité et qu'elles réussissent très bien les épreuves techniques. Là où elles se font avoir, c'est sur la culture générale[1]. »

Patrick Simon le précise bien, lorsque des personnes d'origine étrangère échouent aux concours de la fonction publique, c'est en raison de leurs lacunes en culture générale. Mais, au lieu de travailler à combler ces lacunes qui ont de graves répercussions sur le bien-vivre ensemble, l'État préfère ne pas exiger le prérequis de la culture générale et miser sur les politiques de diversité.

S'est-on seulement posé la question de savoir ce que le concept de « diversité » recouvrait exactement ? S'est-on enquis du destin des sociétés qui cultivent la « diversité », et deviennent à ce titre des sociétés multiculturelles ?

Après avoir fait l'apologie de l'idéologie de la diversité au long de son ouvrage, le sociologue Alain Renaut

1. BFM Radio, « Les grands débats », émission animée par Nicolas Doze, 22 décembre 2008.

taille en pièces sa propre théorie en mettant en évidence le redoutable danger qui menace la liberté de l'individu. Ainsi glisse-t-il entre deux paragraphes : « Si l'on conçoit en effet des droits collectifs à l'identité culturelle, ce n'est pas seulement le droit de l'individu à être différent et irréductible à son groupe d'appartenance que l'on hypothèque gravement, mais c'est aussi le sujet comme tel que l'on menace de destruction – le sujet, c'est-à-dire en l'occurrence l'une des deux capacités constitutives de la dignité humaine, à savoir la capacité d'autofondation ou d'autonomie. » Alain Renaut poursuit en dévidant la pelote de la logique du groupe : « Comment pourrais-je en effet me penser comme autonome, ou me penser sous l'idée d'autonomie, si je suis, comme individu, entièrement assimilé à un groupe qui me donne son identité et qui, parce qu'il possède des droits collectifs (des droits qui sont les siens en tant que collectif), peut en venir à m'imposer une manière de penser, de vivre, de me rapporter aux autres que je n'ai pas chosie, ni individuellement, ni collectivement ? [...] Le sujet peut mourir de la négation de l'individualité [...][1]. »

D'où nous vient cette propension à accorder une équivalence à chaque chose, à vouloir tout justifier, à prôner la tolérance au nom d'une prétendue diversité d'opinions et de points de vue qui conduit à la disqualification du savoir ? D'où nous vient cette idéologie du relativisme qui guide nos sociétés ? Le sociologue Raymond Boudon avait déjà brillamment analysé toutes

---

1. Alain Renaut, *Un humanisme de la diversité. Essai sur la décolonisation des identités*, Flammarion, 2009.

ces questions[1]. Il rappelait qu'Alexis de Tocqueville avait prévu ce mal du relativisme qui frapperait un jour nos démocraties et les ravages que cela ne manquerait pas de provoquer : « La cause essentielle a été identifiée par Tocqueville, dans une théorie esquissée dans la seconde *Démocratie en Amérique* : "Lorsque les conditions deviennent égales, [...] chacun entreprend [alors] de se suffire et met sa gloire à se faire sur toute chose des croyances qui lui soient propres. Les hommes ne sont plus liés que par des intérêts et non par des idées, et l'on dirait que les opinions humaines ne forment plus qu'une espèce de poussière intellectuelle qui s'agite de tous côtés, sans pouvoir se rassembler et se fixer [...]. Le penchant de chacun à croire aveuglément un certain homme ou une certaine classe diminue. La disposition à en croire la masse augmente et c'est de plus en plus l'opinion qui mène le monde." » Ce qu'Alexis de Tocqueville met en évidence, c'est le rôle majeur joué par une égalité poussée à son extrême, l'égalitarisme, qui constitue une redoutable menace pour nos sociétés puisque, selon lui, « lorsque l'égalité est une valeur dominante, elle tend à induire une conception relativiste du monde et à dévaloriser les idées de vérité et d'objectivité ». C'est exactement la situation dans laquelle nos sociétés démocratiques se trouvent plongées aujourd'hui. Le mécanisme de cette machine infernale est simple : il consiste à éviter à tout prix toute contradiction avec ce principe d'égalité. Pour ce faire ne subsiste qu'une seule voie, celle du relativisme, que

1. Raymond Boudon, *Le Sens des valeurs*, PUF, 1999.

nous explicite Raymond Boudon : « Comme par ailleurs les individus ont sur toutes sortes de points des opinions différentes, et que les groupes et les cultures souscrivent à des valeurs variables, on ne peut rester fidèle à ce principe qu'en admettant qu'il n'y a ni vérité ni objectivité, s'agissant des valeurs autres que l'égalité. Celles-ci doivent donc être considérées comme de simples points de vue. Sinon, il faudrait admettre que les valeurs des uns puissent être supérieures à celles des autres. » Il serait salutaire de revisiter, à l'aune de ce qui se produit dans nos sociétés, les écrits de ce génie qu'était Alexis de Tocqueville, et de relire Raymond Boudon sur *le sens des valeurs*, qui nous aide à retrouver le fil de la cohérence qui a été perdu en chemin. Ce dernier nous lance un avertissement : « Le scepticisme et le relativisme ne peuvent être poussés jusqu'à l'extrême sans rendre impossible toute vie sociale. Toute société doit donc connaître un consensus sur un ensemble minimal de valeurs. » La remise en cause de nos principes républicains nous en donne chaque jour la démonstration.

Le 9 avril 2008, le comité de réflexion sur le préambule de la Constitution dirigé par Simone Veil recevait une lettre de mission le chargeant de réfléchir, entre autres, à la question suivante : « Faut-il rendre possibles de nouvelles politiques d'intégration valorisant davantage la diversité de la société française pour favoriser le respect effectif du principe d'égalité[1] ? » J'ai été auditionnée par la commission Veil, et j'ai participé à la

1. Décret n° 2008-328 du 9 avril 2008 portant création d'un comité de réflexion sur le préambule de la Constitution.

convaincre de renoncer à l'inscription de la diversité dans le préambule de notre Constitution. Je renvoie le lecteur au contenu de mon audition[1], et citerai simplement ici quelques-uns des effets pervers de cette fameuse idéologie de la diversité :

« Si l'on entend par "diversité" que l'on est "divers" lorsqu'on n'attribue pas le même contenu aux valeurs fondamentales Liberté-Égalité-Fraternité + Laïcité et que la société devra en tenir compte – reste à définir comment –, alors il faut accepter de considérer avec lucidité et courage la réalité des conséquences qui ne manqueront pas de se produire et qui remodèleront la France en profondeur [...]. Inscrire la diversité dans le préambule de la Constitution, c'est consacrer la prééminence du lien d'appartenance à un groupe particulier. Cela ne pourra se faire sans provoquer de conséquence sur le lien d'appartenance à la communauté nationale, puisqu'en inscrivant la diversité dans le préambule, nous favoriserons, dans les faits et sans nécessairement l'avoir souhaité, la conscience particulière sur la conscience collective ; le projet d'idéal de société porté par un groupe sur le projet d'idéal de société porté par la communauté nationale [...]. Il faut garder à l'esprit qu'un groupe qui tire sa force de sa taille n'aura strictement aucun intérêt à laisser ses membres présumés s'intégrer, donc lui échapper puisqu'ils feraient alors partie de la communauté nationale. La conséquence, c'est que la pression et la surveillance que cer-

1. Audition de Malika Sorel par le comité présidé par Simone Veil, « Redécouvrir le préambule de la Constitution », rapport au président de la République, La Documentation française, 2008.

tains groupes exercent déjà à l'heure actuelle sur leurs membres afin de les maintenir dans leurs girons, s'accentueront. Les membres des communautés vont, de ce fait, évoluer vers une adhésion de plus en plus étroite aux codes de valeurs qui découlent des idéaux portés par leurs groupes, pour atteindre l'homogénéisation des comportements au sein de chaque groupe communautaire. Cela les éloignera définitivement d'une intégration dans la communauté nationale française [...]. La division de la France en communautés l'affaiblira, et la République deviendra l'otage de communautés qui se dresseront chaque jour davantage les unes contre les autres, au détriment d'une approche qui favoriserait le sentiment d'appartenance à la communauté nationale et la défense de l'intérêt général. La politique de la diversité renforcera en France le cloisonnement de communautés ethniques ou raciales. Lorsque l'on regarde vingt ans en arrière, les enfants des migrants manifestaient, dans leurs comportements, une bien plus grande volonté d'insertion et d'intégration. Ce n'est plus le cas, et ce n'est pas dû à une déception qui serait imputable à l'attitude des Français ou aux conditions économiques. L'officialisation, par les textes, de l'existence d'une "diversité" consacrerait en réalité la coexistence, au sein de la société française, de groupes reconnus et identifiés comme ne partageant pas la même vision de la société et, ce qui est sous-jacent, pas la même définition des règles qui codifient le bien-vivre ensemble. Cela signifie qu'à terme, chaque groupe souhaitera être régi par le corpus de lois qui découle de son propre projet de société. C'est ce vers quoi a très récemment failli glisser le Québec, et c'est ce contre quoi lutte actuellement, avec grande difficulté, la Grande-Bretagne[1]. »

Concernant cette régression de l'insertion et de l'intégration, le sociologue Hugues Lagrange note dans ses travaux : « Depuis deux décennies une tendance néo-traditionnelle s'est développée au sein de la deuxième génération venue d'Afrique sahélienne, de Turquie et du Maroc, notamment. En matière religieuse aussi bien qu'au sujet du mariage et de la conception des rôles sexués, de nombreux descendants de migrants ont adopté des positions hyper-traditionnelles, franchissant à rebours le chemin que la génération de leurs parents avait suivi à la fin des années 1970[2]. »

Nous avons sous les yeux un exemple très éclairant de société construite sur la notion de diversité, c'est le Liban. Toute sa structure politique, toute l'organisation de sa société entretiennent sur le terrain le séparatisme des Libanais, le communautarisme basé sur cette sacro-sainte diversité dont on nous rebat les oreilles en France. En mettant en exergue cette diversité, comment espérer faire naître un jour un sentiment d'unité qui viendrait transcender toutes les autres dimensions, qui tiendrait à distance ce qui fournit prétexte à se vivre comme différents et à se déchirer ? Malgré les souffrances endurées, le Liban rechute, à intervalles réguliers, dans des guerres fratricides. C'est cette voie du malheur vers laquelle les communautaristes entraînent la France.

1. *Ibid.*
2. Hugues Lagrange, *Le Déni des cultures*, Le Seuil, 2010.

Il suffit aujourd'hui de décrypter les effets du multiculturalisme dans notre pays pour comprendre qu'il s'installe et progresse dans l'idéologie communautariste ; celle-ci se traduit d'abord par la négation de tout ce qui émane de la culture française. « L'idéologie communautariste stigmatise, elle, toute évocation d'une identité française fondée sur la reconnaissance d'une communauté nationale culturellement définie[1] », écrit l'économiste et philosophe André Grjebine. Luc Ferry, ancien ministre de l'Éducation nationale, s'alarme lui aussi des ravages de l'idéologie communautariste sur notre modèle de société et sur la capacité d'intégration qui était la sienne : « Le vrai risque aujourd'hui, c'est ce que j'appellerai la constitutionnalisation des communautarismes, de la fragmentation sociale [...]. Là, il y a un vrai danger, parce que constitutionnaliser les communautés, ce qu'on appelle la "diversité", entre guillemets on reste dans le flou, on va en effet abandonner la tradition républicaine à laquelle je suis très attaché [...]. C'est parce que le principe républicain est à mon avis le seul qui permet véritablement l'intégration réussie et qui évite en effet la fragmentation sociale[2]. »

Il est une question qui agite régulièrement notre société, c'est celle des statistiques ethniques. Cette question dissimule un véritable enjeu qu'il convient de mettre en lumière. Le pouvoir politique doit-il autoriser de telles statistiques ? Ces dernières sont interdites

1. André Grjebine, « La gestion de la différence dans une société ouverte », *Le Débat*, n° 159, Gallimard, mars-avril 2010.

2. Luc Ferry dans le « Journal du matin » de France Culture, 21 novembre 2008.

en France. C'est la raison pour laquelle ceux qui y sont favorables avancent aujourd'hui le plus souvent masqués, réclamant des statistiques par nationalité d'origine ou des statistiques de la « diversité », comme s'il n'était pas aisé d'en tirer des statistiques ethno-raciales. Or, comme l'exprime la constitutionnaliste Anne-Marie Le Pourhiet, « le principe révolutionnaire, c'est la libération de l'homme de ses chaînes, de ses appartenances, de ses hérédités, de ses déterminismes, et c'est la raison pour laquelle la Déclaration française des droits de l'homme de 1789 ne veut rien voir entre l'individu libre et la nation souveraine, pas de sous-groupes, pas de catégories, pas de droits collectifs. C'est tout simplement ce que le Conseil constitutionnel, composé de juristes et d'hommes politiques qui connaissent leur histoire, répète sans arrêt[1] ».

Je suis pour ma part opposée à l'instauration de ces statistiques, car elles comportent de redoutables effets pervers pour la cohésion nationale, effets que j'avais longuement évoqués lors de mon audition par la commission Veil. De fait, le décompte du poids démographique des différents groupes ethniques présents sur le territoire français fera inéluctablement de ces groupes des puissances qui batailleront pour la sauvegarde de leurs intérêts et pour la conquête de nouveaux pouvoirs. Mais il existe également un risque que ces groupes en viennent un jour à exiger que leurs membres

1. Anne-Marie Le Pourhiet, « Principes républicains et discrimination positive », compte-rendu de conférence d'un mardi du club Politique-autrement, 9 décembre 2008.

supposés soient régis par le corpus de lois qui découle de leur propre projet de société.

Que visent au demeurant ceux qui, depuis plusieurs années, réclament à cor et à cri ces statistiques ethniques ? Hormis les chercheurs, qui s'appuient sur des données chiffrées et souhaiteraient bien naturellement pouvoir disposer de plus de matériau, ceux qui réclament ces statistiques sont le plus souvent engagés en faveur de l'instauration de la discrimination positive, souvent déguisée sous de nombreux euphémismes que j'avais cités dans *Le Puzzle de l'intégration*. Leur objectif est d'obtenir la prise en compte de l'origine ethnique à tous les niveaux et dans tous les secteurs : politique, économique, universitaire… et la généralisation du « label diversité ». Ils exposent d'ailleurs, très ouvertement, l'opinion selon laquelle ces statistiques permettraient de mieux lutter contre les discriminations auxquelles se résume à leurs yeux le sujet de l'intégration. Le but de ces communautaristes est donc de disposer d'une photographie précise de la France et d'exiger, sur cette base, une représentation correspondante de la « diversité » dans toutes les sphères de notre pays. Que signifie le « label diversité » désormais accordé à de grandes entreprises et même à un ministère, celui des Finances, sinon qu'on reconnaît leur engagement à recenser à chaque niveau hiérarchique leurs salariés selon leur origine, pour en garantir la « diversité » ? Tous les rouages de l'État sont aujourd'hui infiltrés par des communautaristes qui travaillent de l'intérieur à affaiblir la cohésion nationale. Ces statistiques, qui figent les Français dans des catégories selon leur origine ethnique, violent le caractère dynamique de l'identité et perpétuent l'existence de plusieurs qualités de Français.

Un autre argument souvent avancé est que les statistiques ethniques permettraient d'élaborer des politiques publiques plus efficaces. Beaucoup de pays européens disposent de ces statistiques et leurs politiques n'ont pas pour autant fait mieux que les nôtres sur la question de l'insertion-intégration

Intéressons-nous à présent à la question des enfants. Comment les chercheurs décomptent-ils les enfants issus d'unions mixtes ? Si incroyable que cela puisse paraître, ils n'établissent pas de réelle distinction entre les vraies unions mixtes, c'est-à-dire entre deux personnes issues de cultures différentes, et les unions entre personnes de même culture. La méthode employée consiste, pour certains chercheurs, à diviser le nombre d'enfants par deux, une moitié se trouvant classée dans la catégorie « enfants issus de l'immigration », et l'autre dans celle des Français ou « population majoritaire » ; et pour d'autres chercheurs, à les classer tous comme enfants de l'immigration, comme si la caractéristique d'immigré l'emportait sur l'ascendance française, présupposant peut-être que les enfants du couple ne sont effectivement pas éduqués dans la culture française, mais dans une culture étrangère. La France a pourtant déjà connu suffisamment de flux migratoires pour savoir, par exemple, que la francisation des prénoms des enfants peut être utilisée comme un critère fort de la volonté de les inscrire dans l'arbre généalogique français.

Dans le contexte actuel, sur cette question des statistiques ethniques, il me semblerait sage de tenir compte de l'avertissement lancé en 2008 par la commission Veil :

« Le comité a redouté que, sans même parler des risques d'instrumentalisation par des groupes extrémistes d'une politique de discrimination positive sur une base ethnique, sa mise en œuvre emporte de graves effets pervers : au mieux, un affaiblissement du “vivre-ensemble”, en raison de l'incitation donnée aux administrés de se rattacher à leur communauté d'appartenance pour pouvoir tirer profit des dispositifs mis en place ; au pire, une montée des tensions et des ressentiments entre communautés, génératrice de concurrence entre groupes ethniques et matrice d'une dislocation accrue de la nation[1]. »

Si la communautarisation de notre société a pu se développer aussi rapidement, c'est que les idéologues de la diversité et du multiculturalisme ont ligoté les Français. Ces derniers ne peuvent plus exprimer leur culture ni la défendre sans encourir les foudres de la terreur qui a été installée sur la terre de France, autrefois terre de liberté ; « une culture ne meurt que de sa propre faiblesse[2] ». Il est interdit aux Français de débattre de quelque sujet que ce soit dès lors qu'il concerne peu ou prou les populations de l'immigration.

« Je crains que le “politiquement correct” ne finisse par tuer le débat républicain » : voici comment, dans une lettre adressée à la présidente de la 17e chambre correctionnelle du tribunal de grande instance de Paris, le sénateur Jean-Pierre Chevènement manifestait son

1. Comité présidé par Simone Veil, « Redécouvrir le préambule de la Constitution », audition de Malika Sorel, rapport au président de la République, La Documentation française, décembre 2008.
2. André Malraux, *La Tentation de l'Occident*, Grasset, 1926 ; coll. « Les cahiers rouges », 2006.

soutien au journaliste Éric Zemmour ; et il ajoutait : « Il [Éric Zemmour] n'a, hélas, pas dit une chose matériellement inexacte. Il suffit, comme j'ai eu l'occasion de le faire, de consulter les listings de la Direction centrale de la Sécurité publique du ministère de l'Intérieur, pour constater que plus de 50 % des infractions constatées sont imputables à des jeunes dont le patronyme est de consonance africaine ou maghrébine[1]. » Tuer le débat républicain ? Serions-nous en train de glisser vers une forme de totalitarisme ? Dans ses *Mémoires*, Jean-François Revel dépeignait ainsi les objectifs et le mode opératoire du totalitarisme : « Le totalitarisme veut atteindre la racine même de la pensée et de la sensibilité, tuer la source de l'indépendance intellectuelle et morale en chaque individu[2]. » Le malheur d'Éric Zemmour est d'avoir osé aborder l'un des tabous qui frappent le sujet de l'intégration, et aussi d'être très médiatique. Les propos de l'historienne Anne-Marie Thiesse sonnent comme une mise en garde : « On pourrait croire pourtant que la référence au patrimoine identitaire, dans les nations aujourd'hui solidement établies, est plutôt désuète et propice surtout aux jeux de la distanciation et de la dérision. [...] La caricature, douce ou acerbe, n'indique pas cependant l'abandon de la référence identitaire : toujours sous-jacente, elle peut revenir sur le mode sérieux, voire

---

1. Lettre de Jean-Pierre Chevènement à la présidente de la 17e chambre correctionnelle du tribunal de grande instance de Paris, datée du 3 janvier 2011.
2. Jean-François Revel, *Mémoires. Le Voleur dans la maison vide*, Plon, 1999.

offensif, dès lors que la nation semble confrontée à un avenir incertain[1]. »

L'INGÉRENCE AMÉRICAINE DANS LA POLITIQUE FRANÇAISE D'INTÉGRATION

Wikileaks a publié un câble diplomatique intitulé « Minority Engagement Strategy » qui émane de Charles Hammerman Rivkin, l'ambassadeur des États-Unis d'Amérique en France, nommé par le président Barack Obama le 1er juin 2009 rendant compte de ses activités :

« Restant fidèle à l'histoire unique de la France et de ses traditions, l'ambassade de Paris a créé une stratégie d'engagement pour les minorités qui englobe, entre autres groupes, les populations musulmanes françaises et répond aux objectifs du REFTEL A [Reference Telegram A – allusion à un autre document diplomatique]. Notre but est de motiver la population française à tous niveaux à augmenter ses efforts en vue d'atteindre ses propres idéaux égalitaires, et donc de promouvoir les intérêts nationaux américains [...].

« Très peu de minorités tiennent des postes de dirigeants au sein des institutions publiques françaises. Comme le chantre de la diversité du président Sarkozy, Yazid Sabeg, l'a dit à l'ambassadeur Rivkin en décembre, l'Assemblée nationale “sert de miroir de la crise de la

---

1. Anne-Marie Thiesse, *La Création des identités nationales*, *op. cit.*

représentation en France" (REFTEL B) [...]. Sabeg a également noté qu'aucun des 180 ambassadeurs français n'est noir, et seulement un est de descendance nord-africaine. Malgré la nomination par Sarkozy de ministres comme Rachida Dati, Fadela Amara et Rama Yade, les minorités sont toujours tenues à l'écart des institutions publiques. Dans les médias français la couleur reste en majorité le blanc, avec quelques modestes avancées dans la représentation à la caméra lors des journaux télévisés. Parmi les grandes écoles françaises, nous n'avons que l'exemple de Sciences Po qui a pris des mesures sérieuses pour intégrer les minorités. [...]

« Notre stratégie comporte trois grandes cibles : (1) la majorité, particulièrement les élites, (2) les minorités, avec une attention particulière à leurs dirigeants, (3) la population générale. En employant les sept tactiques décrites ci-dessous, nous visons à (1) améliorer la perception, parmi les élites françaises, des bienfaits de l'amélioration des opportunités et des coûts du maintien du statu quo ; (2) améliorer les compétences et renforcer la confiance des dirigeants des minorités qui cherchent à augmenter leur influence ; (3) communiquer à l'ensemble de la population que nous admirons particulièrement la diversité et le dynamisme de sa population, en mettant en avant les avantages à profiter de ces bienfaits en améliorant les opportunités pour tous.

« Nous focaliserons notre discours sur le problème des discriminations. Lorsque nous nous exprimerons en public sur la communauté des démocraties, nous mettrons en avant, parmi les qualités de la démocratie, le droit d'être différent, la protection des droits des minorités, la valeur de l'égalité des chances, et l'importance d'une représentation politique fidèle [...].

« De plus, nous continuerons et renforcerons notre travail avec les musées français et les enseignants *pour réformer le programme d'histoire enseigné dans les écoles françaises*[1], pour qu'ils prennent en compte le rôle et les perspectives des minorités dans l'histoire de France [...].

« Lorsque nous enverrons des dirigeants français aux États-Unis, nous inclurons, aussi souvent que possible, une partie de leur voyage qui se focalisera sur l'égalité des chances. [...]

« Lancer une campagne de sensibilisation agressive vers les jeunes : nous continuerons nos efforts de sensibilisation des jeunes pour communiquer sur nos valeurs partagées avec les jeunes Français de tous milieux socioculturels. [...] En pesant fortement sur les médias, nous voulons gagner la confiance et améliorer notre compréhension des jeunes de différentes origines. [...]

« Pour atteindre ces objectifs, nous nous baserons sur les programmes extensifs de diplomatie publique déjà en place, et développerons des moyens supplémentaires pour influencer la jeunesse française, utilisant de nouveaux médias, des partenariats d'entreprises, compétitions nationales, événements ciblés de sensibilisation, et spécialement avec des invités américains.

« Nous développerons aussi de nouveaux outils pour identifier, apprendre des futurs dirigeants français, et les influencer.

---

1. C'est nous qui soulignons.

« En même temps que nous développons les possibilités de formation et d'échange pour les jeunes Français, nous nous assurerons en continu que les échanges que nous soutenons sont ouverts aux minorités.

« Nous nous baserons sur des réseaux de jeunes déjà existants, et en créerons de nouveaux sur Internet, connectant les futurs dirigeants entre eux dans un forum dont nous contribuons à développer les valeurs – valeurs de métissage, respect mutuel, dialogue ouvert [...].

« En s'appuyant sur notre travail avec *les deux sites Web de premier plan axés vers les jeunes musulmans de langue française – oumma.fr et saphirnews.com* –, nous soutiendrons, formerons et nous investirons dans des médias et des militants politiques qui partagent nos valeurs. Alors que nous continuons de *rencontrer les dirigeants modérés de groupes minoritaires*, nous devons également intensifier nos efforts pour faciliter l'*enracinement d'échanges inter-religieux*. Nous allons partager *en France, avec les communautés de foi et avec le ministère de l'Intérieur*, les plus efficaces *techniques pour enseigner la tolérance actuellement employées dans les mosquées, synagogues, églises* et autres communautés religieuses américaines [...].

« Nous continuerons notre projet visant à partager les meilleures pratiques avec les jeunes dirigeants de tous domaines, incluant les jeunes dirigeants politiques de tous les partis modérés pour qu'ils obtiennent les meilleurs outils et soutiens pour progresser. Nous créerons et encouragerons la formation et les programmes d'échange qui enseignent la valeur pérenne de l'intégration aux écoles, associations, blogueurs, conseillers politiques et politiciens locaux [...].

« En examinant attentivement des développements importants, *comme le débat sur l'identité nationale*[1] (REFTEL B), nous voulons identifier les tendances et *idéalement prédire le changement de statut des minorités en France*, estimant quel impact cela aura sur les intérêts américains. [...]

« Nous focaliserons nos efforts sur nos activités décrites ci-dessus, qui déclenchent, pressent et stimulent le mouvement dans la bonne direction. De plus, nous suivrons attentivement les mesures abstraites de succès : un sens d'intégration, par exemple, parmi les jeunes minorités françaises, et un espoir grandissant qu'eux aussi peuvent représenter leur pays chez eux et à l'étranger, et même un jour arriver au sommet de la vie publique française en tant que président de la République[2]. »

Évidemment, il ne faut pas se méprendre sur la nature de ce télégramme : c'est d'abord un compte rendu du diplomate à sa hiérarchie, dans lequel il montre qu'il applique soigneusement la politique d'influence voulue à Washington. De là, il faudrait s'employer à mesurer la réalité de cette influence. Mais bien des points sont très précis : l'idéologie communautariste doit progresser en France dans toutes les couches de la société, doit même remodeler son histoire ! Ce qui interpelle aussi, c'est de retrouver dans ce télégramme le

1. C'est toujours nous qui soulignons.

2. Cable 10PARIS58, Embassy Paris – Minority Engagement Strategy. Le document est daté de janvier 2010. Il est disponible sur le site de Wikileaks : http://213.251.145.96/cable/2010/01/10PARIS58.html

mode opératoire de l'idéologie qui œuvre à faire voler la cohésion nationale française en éclats, et qui a été assénée ces dernières années aux Français par des personnalités de tous milieux sociaux, économiques et politiques…

Dans la presse, les commentaires donnent dans l'euphémisme.

« L'ambassadeur des États-Unis en France, Charles Rivkin, multiplie depuis un an les actions en direction des banlieues sensibles. Mais ces opérations symboliques et médiatiques masquent l'ampleur du travail de réseau effectué en France ces dernières années pour identifier les élites des quartiers et des minorités ethniques[1]. »

« L'ambassadeur américain dans l'Hexagone était de visite vendredi à La Courneuve, l'occasion d'affirmer que le prochain Sarkozy est en banlieue. Mehdi et Badrou sont partis à sa rencontre[2]. »

Il faut croire que le brasier irakien et que le bourbier afghan ne suffisent pas à nos amis américains, puisqu'ils se permettent de jouer avec le feu sur le territoire de leur allié officiel.

1. « Washington à la conquête du "9-3" », *Le Monde*, 5 juin 2010.
2. « Vol A 93120 : Washington-La Courneuve », Bondyblog, 5 avril 2010.

Conclusion

Rendre à la France son âme, sa fierté et sa dignité

Aujourd'hui encore, on continue de s'interroger sur les raisons qui ont poussé Louis XV à céder la Nouvelle-France ; bien souvent prédomine un sentiment d'incompréhension.

Depuis près de quarante ans, nos dirigeants cèdent des pans entiers du territoire français, en y déversant de surcroît des sommes considérables. Le même comportement s'observe partout en Europe. Certes, notre classe politique n'est pas seule, et sa responsabilité est largement partagée avec de nombreux acteurs, dont certains disposent de leviers considérables : médias, pouvoirs économique et financier, une partie des intellectuels et du monde associatif, administrations et instances supranationales... mais c'est à la classe politique, et à elle seule, que les citoyens délèguent, par leur vote, leur pouvoir. C'est donc elle qui demeure, *in fine*, responsable aux yeux du peuple de la conduite de son destin.

Au-delà de tout ce que j'aurai pu décrire, j'ai été frappée de réaliser à quel point la préservation des intérêts particuliers dicte à chaque échelon les comportements au quotidien, au détriment de la défense de l'intérêt général. L'égoïsme et l'opportunisme font très souvent office de boussole.

J'ai été stupéfaite aussi de découvrir l'insoutenable légèreté qui présidait parfois à certaines décisions, y compris sur des dossiers pourtant capitaux pour notre pays, comme s'il ne s'agissait finalement que de détails ne méritant guère d'être analysés dans toutes leurs dimensions. Le refus d'une réflexion profonde est la marque de fabrique de notre époque, il puise sa source dans le fait que ni les décideurs, ni leurs conseillers, ni leurs familles ne supportent jamais les conséquences de leurs décisions. Même éjectés de la conduite des affaires politiques, ils trouvent toujours à se recycler dans l'appareil d'État ou dans des entreprises friandes de leurs carnets d'adresses. Telles des moules accrochées au rocher, ils savent qu'à la marée basse succède toujours la marée haute, et attendent patiemment la vague qui reviendra les alimenter.

Chose qui m'a paru fort étrange, la France se voit traitée comme un corps inerte, et de surcroît disjointe du peuple français, comme si elle n'était pas son œuvre ! C'est pour cette raison que les politiques agissent comme si la France pouvait continuer d'exister sans l'esprit français. C'est l'esprit français qui est aujourd'hui en jeu. Il ne s'agit pas de son enveloppe charnelle, mais bien de sa substance philosophique, car l'esprit français peut évidemment habiter harmonieusement un corps noir, jaune ou rouge aussi bien qu'un blanc.

Ce qui m'aura incontestablement le plus choquée, c'est de réaliser à quel point le sentiment d'amour pour le peuple français et la communion avec lui se raréfient avec l'altitude, à mesure que l'on se dirige vers les sommets. Est-ce la distance au sol qui empêche de faire corps avec le peuple, de partager ses interrogations, ses émotions, ses craintes, et aussi son sort ? Est-ce cette distance qui conduit à l'incompréhension, et parfois même au mépris ? Les Français sont assimilés à des poltrons, puisqu'ils craignent une mondialisation si chère à ceux qui n'y perçoivent que des avantages ! Ils sont estampillés « archaïques », car ils continuent d'être attachés à leur État-nation. Ils sont perçus comme racistes, xénophobes et recroquevillés sur eux-mêmes, car ils refusent de rompre avec leurs idéaux. C'est pour cette raison qu'il conviendrait de « changer leur regard », pour qu'ils acceptent enfin que la France soit transformée en Liban.

Notre classe politique s'alarme des misères de nombreux peuples sur terre, mais semble dans le même temps étrangement sourde et aveugle à la détresse dans laquelle elle-même a plongé son peuple. L'absence cruelle de fil conducteur et d'esprit de cohérence incite aux mesures de court terme. Le manque de respect pour la France aboutit à des décisions qui mettent en danger l'héritage culturel, politique et philosophique du peuple français. Une simple immersion dans la vie de la Cité aurait amené nos élites à comprendre que le modèle français d'intégration n'avait pas échoué, mais qu'il n'avait simplement pas été appliqué aux dernières vagues d'immigration. La crise accélère le phénomène de déclassement et pose désormais de manière crue et en termes débarrassés de toute fioriture la question de la légitimité et de la hiérarchisation des priorités. Le temps est venu de se poser les vraies questions, car le cocktail problèmes économiques-problèmes identitaires est explosif. Il nous faut travailler à rebâtir une société de confiance.

Le sujet de l'immigration-insertion-intégration met en lumière l'action de remise en cause, à l'œuvre aujourd'hui, de l'idée même de projet politique collectif, puisque le simple présupposé d'une communauté de valeurs disparaît. Il faut toutefois veiller à ne pas se tromper d'analyse : ce sont bien des acteurs ayant, pour la plupart, reçu la France en héritage qui ont mené cette dernière au bord du précipice où elle se trouve. Les immigrés et leurs descendants n'ont fait, pour la plupart d'entre eux, qu'utiliser les moyens et dispenses mis à leur disposition pour s'affranchir du respect des normes collectives françaises, échapper aux difficultés matérielles et alléger, voire éliminer, les tensions identitaires intérieures inhérentes à tout processus d'insertion dans une société étrangère. Le comportement des immigrés est rationnel. Il est profondément humain. L'importance des flux migratoires a joué un rôle de premier plan, d'autant que nous nous trouvions en présence d'une distance culturelle significative qu'il eût absolument fallu prendre en considération. Il est plus que jamais nécessaire de réévaluer tout ce qui fait de la France une terre d'accueil perçue comme un « diamant social ». Ce sont les pays sources de l'immigration qui sont responsables de l'exode des leurs, et non les terres « d'accueil ». Dans l'intérêt même des migrants et de leurs descendants, il faut cesser d'inverser la charge de la responsabilité. Il faut également cesser de se placer du point de vue de l'autre et chercher à s'y adapter alors que c'est d'insertion dans la société française qu'il s'agit ici. C'est donc du point de vue de la France qu'il faut toujours veiller à se situer. Si cela avait été fait, l'instrumentalisation de ce sujet aurait été rendue bien plus difficile. C'est cette instrumentalisation récurrente, aux fins purement électoralistes et que l'on observe sur l'ensemble de l'échiquier politique, qui a empêché le traitement des problèmes à leur source et a conduit la France dans les difficultés où elle se trouve à présent.

Parce que la situation de notre pays est critique, elle commande du sang-froid, du courage et la mobilisation de chacun. L'heure n'est plus aux discours incantatoires ni aux lamentations, mais à l'action politique responsable et déterminée. Comme chaque fois que l'Histoire sort de sa torpeur, nul ne sait ce que l'avenir nous réserve, mais je crois fermement, à l'instar de Max Gallo, que « la question essentielle, c'est évidemment celle du destin d'une nation, aujourd'hui, en ce début du XXIe siècle, et à mon avis on assiste au réveil des nations depuis la chute du mur, depuis la réunification de l'Allemagne[1] ».

Nos élites politiques évoluent dans une bulle. C'est pour cette raison qu'elles ne voient rien venir de ce qui se prépare pourtant sous leurs yeux. Cette coupure ne peut que contribuer à les rendre insensibles à la situation réelle des Français, comme en témoigne leur désintérêt pour les

---

1. Max Gallo sur France Culture dans « L'esprit public – le rapport du Haut Commissariat à l'intégration sur le communautarisme », émission de Philippe Meyer, 31 octobre 2010.

classes moyennes, que l'espoir déserte peu à peu. Les classes moyennes sont le meilleur révélateur de l'état d'une société, car elles en constituent le thermomètre. Lorsque le mérite républicain n'est plus reconnu, lorsque l'attention des politiques se focalise uniquement sur les classes supérieures et inférieures, alors il est temps de s'alarmer ; nulle société ne peut en effet tenir longtemps debout lorsqu'elle réalise que l'esprit de justice l'a désertée, et qu'il n'y a plus guère de logique dans la gestion de la Cité.

Les Français se sentent aujourd'hui apatrides sur leur propre terre, celle de leurs ancêtres. Pour qu'ils reprennent confiance en eux et en l'avenir de la France, il est urgent qu'ils se réapproprient le droit élémentaire qui leur a été confisqué – celui d'exprimer et d'assumer ce que « Français » signifie dans leur tête, leur cœur, leur âme et surtout leur inconscient collectif. On ne peut faire la paix avec autrui sans l'avoir au préalable faite avec soi-même. C'est la confiance en ce que l'on est qui constitue la clef de voûte de tout l'édifice commun. C'est elle qui permettra de redonner de la cohérence aux projets politiques, qui s'inscriront alors spontanément dans le respect de l'intérêt général et donneront aux citoyens la force d'aller de l'avant.

Aussi les prophètes de malheur qui annoncent avec tambours et trompettes le déclin et la disparition inéluctables de l'Occident concourent-ils à aspirer l'énergie vitale des peuples et participent-ils de ce fait à leur affaiblissement. Pourtant, la liste est longue des incertitudes qui pèsent sur l'avenir du monde et pourraient en accélérer la recomposition : montée d'aspirations sociales et démocratiques, mais aussi de tensions identitaires en

Chine et en Inde ; évolution de l'Afrique et du Moyen-Orient, ces territoires où la jeunesse constitue potentiellement une véritable bombe à retardement et où extrémisme et terrorisme se tiennent en embuscade ; épuisement des ressources pétrolières ; catastrophes naturelles ; épidémies ; innovations technologiques majeures... En raison des innombrables incertitudes qui pèsent sur l'avenir, il faut justement garder confiance et redoubler de détermination. Comme le souligne Marcel Gauchet, « dix siècles d'une inventivité extraordinaire ne s'effacent pas en quelques années. L'Europe a d'énormes atouts. Elle est le continent le plus ouvert sur le monde, le moins ethnocentrique, le mieux adapté, en fait, aux conditions de la mondialisation. Les conditions d'un rebond existent. Il ne manque que la volonté de s'en saisir[1] ». Le philosophe Lucien Jaume, retraçant « cet héritage intellectuel, artistique, spirituel et scientifique, ainsi qu'une attitude de l'esprit vis-à-vis de lui-même et vis-à-vis de la société » et évoquant ce « sens commun qui, depuis la Renaissance, a nourri et façonné nos nations aujourd'hui membres de l'Union », s'interroge et nous interpelle : « Peut-être suffit-il de retrouver ce sens du vivre européen et de le ranimer pour retrouver les repères et reprendre la route[2] ? »

La vision de la France, ce sont les Français qui la portent en eux. Au regard de la longue histoire

1. Marcel Gauchet, « Le spectre qui hante l'Europe, c'est la décadence », propos recueillis par Sylvie Besson pour *Le Temps*, 3 juillet 2009.

2. Lucien Jaume, *Qu'est-ce que l'esprit européen ?*, Flammarion, 2010.

culturelle et politique du peuple français, les dernières migrations ne représentent qu'un battement de cils, qui ne saurait à lui seul bouleverser le fonctionnement de tout l'organisme. Les politiques auraient été bien avisés de le garder présent à l'esprit ; ils auraient ainsi fait l'économie de décisions dénuées de toute sagesse, responsables de la crispation grandissante de notre société et de l'enfermement des populations de l'immigration dans une posture rebelle et revendicative. Le terme même de « diversité » est désormais associé, dans l'esprit des Français, au rejet assumé et ostentatoire des valeurs françaises. Mais les politiques, qui vivent dans un monde parallèle, persistent dans leur ardeur à vouloir y recourir…

L'heure est au rassemblement, non pas selon les origines, mais selon les convictions profondes, celles qui constituent le socle de la société française. C'est la seule voie qui doit à présent guider les citoyens, d'où qu'ils viennent. Les citoyens doivent aujourd'hui engager un bras de fer et une lutte sans merci contre les communautaristes et les idiots utiles qui servent leur dessein. La réussite du combat au service de la France impose en effet qu'ils soient défaits. De cette épreuve partagée naîtra une très grande force, qui donnera à la France une vitalité nouvelle. Lorsque l'heure devient grave, chacun se retrouve face à sa conscience : « Qui préfère la sécurité à la liberté aura tôt fait de perdre les deux[1]. » Ni la paix ni la liberté ne sont jamais acquises pour l'éternité, et c'est pour cette

1. Benjamin Franklin, Pennsylvania Assembly, réponse au gouverneur, 11 novembre 1755.

raison qu'elles doivent faire l'objet d'une vigilance et d'un esprit de responsabilité chaque jour renouvelés. Ce livre est un appel à la raison et au retour du bon sens, celui de l'intérêt supérieur de la France et du peuple français : « Puisque tout recommence toujours, ce que j'ai fait sera, tôt ou tard, une source d'ardeurs nouvelles après que j'aurai disparu[1] », écrivait Charles de Gaulle.

1. Charles de Gaulle, *Mémoires de guerre – Le salut 1944-1946*, Plon, 1959.

Bibliographie

Livres

Hannah Arendt, *Qu'est-ce que la politique ?*, texte établi par Ursula Ludz, Le Seuil, 1995.

Raymond Aron, *Essai sur les libertés*, Calmann-Lévy, 1965.

Claudine Attias-Donfut, François-Charles Wolff, *Le Destin des enfants d'immigrés*, Stock, 2009.

Jacky Beillerot, Nicole Mosconi, Claudine Blanchard-Laville, *Formes et formations du rapport au savoir*, L'Harmattan, coll. « Savoir et formation », 2000.

André Bellon, Inès Fauconnier, Jérémy Mercier, Henri Pena-Ruiz, *Mémento du républicain*, Mille et une nuits, 2006.

Marie-Claude Blais, Marcel Gauchet, Dominique Ottavi, *Les Conditions de l'éducation*, Stock, 2008.

Marie-Claude Blanc-Chaléard, *Histoire de l'immigration*, La Découverte & Syros, 2001.

Claudine Blanchard-Laville, Nicole Mosconi, Jacky Beillerot, *Formes et formations du rapport au savoir*, L'Harmattan, coll. « Savoir et formation », 2000.

Marc Bloch, *L'Étrange Défaite,* Gallimard, 1990.

Chantal Bordes-Benayoun, Dominique Schnapper, *Les Mots des diasporas*, Presses universitaires du Mirail, 2008.

Thierry Bouclier, *La République amnésique*, Éditions Remi Perrin, 2008.

Raymond Boudon, *Le Sens des valeurs*, Presses universitaires de France, 1999.

Véronique Bouzou, *Ces profs qu'on assassine*, Jean-Claude Gawsewitch éditeur, 2009.

Emmanuel Brenner (sous la direction de), *Les Territoires perdus de la République*, Mille et une nuits, 2002.

Jean-Paul Brighelli, *Tireurs d'élites*, Plon, 2010.

Luc Bronner, *La Loi du ghetto*, Calmann-Lévy, 2010.

Nadia Butaud, Marie-Cécile Kovacs, *Rapports de classe*, Éditions de l'Olivier, 2008.

Suzanne Cagliero, Hugues Lagrange, Franck Sina, Sandrine Panhalleux, « La mise en danger de soi et d'autrui », OSC/CNRS-Sciences Po Paris, ALRS, CNS Nantes, 2006.

Jacqueline Costa-Lascoux, *L'Humiliation : les jeunes dans la crise politique*, Éditions de l'Atelier, 2008.

Emmanuel Davidenkoff, *Réveille-toi Jules Ferry, ils sont devenus fous* !, OH ! Éditions, 2006.

Didier Éribon, Claude Lévi-Strauss, *De près et de loin*, Odile Jacob, 1988.

Inès Fauconnier, André Bellon, Jérémy Mercier, Henri Pena-Ruiz, *Mémento du républicain*, Mille et une nuits, 2006.

Claude Hagège, *Combat pour le français*, Odile Jacob, 2006.

Max Gallo, *Fier d'être français*, Fayard, 2006.

Marie-Claude Blais, Marcel Gauchet, Dominique Ottavi, *Les Conditions de l'éducation*, Stock, 2008.

Marcel Gauchet, *La Démocratie contre elle-même*, Gallimard, 2002.

Charles de Gaulle, *Mémoires de guerre*, Plon, 1954 à 1959 ; *Lettres, notes et carnets, 1919-juin 1940*, Plon, 1980.

Michel Godet, *Le Courage du bon sens*, Odile Jacob, 2007.

Michel Godet, Évelyne Sullerot, *La Famille : affaire privée et publique*, La Documentation française, 2007.

Jean-Paul Gourévich, *L'immigration, ça coûte ou ça rapporte ?*, Larousse, 2009.

Mara Goyet, *Tombeau pour le collège*, Flammarion, 2008.

Lucien Jaume, *Qu'est-ce que l'esprit européen ?*, Flammarion, 2010.

Catherine Kintzler, *Qu'est-ce que la laïcité ?*, Vrin, 2008.

Arthur Koestler, *Le Zéro et l'Infini*, Calmann-Lévy, 1945.

Marie-Cécile Kovacs, Nadia Butaud, *Rapports de classe*, Éditions de l'Olivier, 2008.

Hugues Lagrange, *Le Déni des cultures*, Le Seuil, 2010.

Hugues Lagrange, Suzanne Cagliero, Franck Sina, Sandrine Panhalleux, « La mise en danger de soi et d'autrui », OSC/CNRS-Sciences Po Paris, ALRS, CNS Nantes, 2006.

Julien Landfried, *Contre le communautarisme*, Armand Colin, 2007.

Jacques Lautrey, *Classe sociale, milieu familial, intelligence*, PUF, 1995.

Jean-Pierre Le Goff, *La France morcelée*, Gallimard, coll. « Folio actuel », 2008.

Daniel Lefeuvre, *Pour en finir avec la repentance coloniale*, Flammarion, 2008.

Claude Lévi-Strauss, Didier Éribon, *De près et de loin*, Odile Jacob, 1988.

Élisabeth Lévy, *Les Maîtres censeurs*, Éditions Jean-Claude Lattès, 2002.

André Malraux, *La Tentation de l'Occident*, Grasset, 1926 ; coll. « Les cahiers rouges », 2006.

Marcel Mauss, *Essai sur le don*, introduction de Florence Weber, PUF, 2007.

Walter Benn Michaels, *La Diversité contre l'égalité*, Le Seuil, coll. « Liber-Raisons d'agir », 2009.

Jérémy Mercier, André Bellon, Inès Fauconnier, Henri Pena-Ruiz, *Mémento du républicain*, Mille et une nuits, 2006.

Pierre Merlin, *Les Banlieues*, PUF, coll. « Que sais-je ? », 1999.

Nicole Mosconi, Jacky Beillerot, Claudine Blanchard-Laville, *Formes et formations du rapport au savoir*, L'Harmattan, coll. « Savoir et formation », 2000.

Alex Mucchielli, *L'Identité*, PUF, coll. « Que sais-je ? », 1999.

George Orwell, *1984*, Gallimard, coll. « Folio », 1950.

Dominique Ottavi, Marie-Claude Blais, Marcel Gauchet, *Les Conditions de l'éducation*, Stock, 2008.

Sandrine Panhalleux, Hugues Lagrange, Suzanne Cagliero, Franck Sina, « La mise en danger de soi et d'autrui », OSC/CNRS-Sciences Po Paris, ALRS, CNS Nantes, 2006.

Henri Pena-Ruiz, André Bellon, Inès Fauconnier, Jérémy Mercier, *Mémento du républicain*, Mille et une nuits, 2006.

Henri Pena-Ruiz, *Qu'est-ce que la laïcité ?*, Gallimard, 2003

Natacha Polony, *Nos enfants gâchés*, Éditions Jean-Claude Lattès, 2005.

Émile Poulat, avec le concours de Maurice Gelbard, *Scruter la loi de 1905. La République française et la Religion*, Fayard, 2010.

Ernest Renan, *Qu'est-ce qu'une nation ?*, Mille et une nuits, coll. « La Petite Collection », 1997.

Alain Renaut, *Un humanisme de la diversité. Essai sur la décolonisation des identités*, Flammarion, 2009.

Jean-François Revel, *Mémoires. Le Voleur dans la maison vide*, Plon, 1999.

Évelyne Ribert, *Liberté, égalité, carte d'identité. Les jeunes issus de l'immigration et l'appartenance nationale*, La Découverte, 2006.

Iannis Roder, *Tableau noir : la défaite de l'école*, Denoël, 2008.

Pierre Rosanvallon, *La Nouvelle Question sociale. Repenser l'État-providence*, Le Seuil, 1995.

Gilles Saint-Paul, *Immigration, qualifications et marché du travail*, La Documentation française, 2009.

Dominique Schnapper, Chantal Bordes-Benayoun, *Les Mots des diasporas*, Presses universitaires du Mirail, 2008.

Dominique Schnapper, *Qu'est-ce que la citoyenneté ?*, Gallimard, coll. « Folio actuel », 2000.

Jaime Semprun, *L'abîme se repeuple*, Éditions de l'Encyclopédie des nuisances, 1997.

Amartya Sen, *La Démocratie des autres*, Rivages, coll. « Rivages poche », 2006.

Jean Sévillia, *Le Terrorisme intellectuel de 1945 à nos jours*, Perrin, coll. « Tempus », 2004.

Franck Sina, Hugues Lagrange, Suzanne Cagliero, Sandrine Panhalleux, « La mise en danger de soi et d'autrui », OSC/CNRS-Sciences Po Paris, ALRS, CNS Nantes, 2006.

Évelyne Sullerot, Michel Godet, *La Famille : affaire privée et publique*, La Documentation française, 2007.

Maxime Tandonnet, *Immigration : sortir du chaos*, Flammarion, 2006.

Anne-Marie Thiesse, *La Création des identités nationales*, Le Seuil, 1999.

François Thual, Xavier de Villepin, *Tous contre l'Occident ?*, Ellipses, 2009.

Emmanuel Todd, *Le Destin des immigrés*, Le Seuil, 1994.

Michèle Tribalat, *Les Yeux grands fermés. L'immigration en France*, Denoël, 2010.

Xavier de Villepin, François Thual, *Tous contre l'Occident ?*, Ellipses, 2009.

François-Charles Wolff, Claudine Attias-Donfut, *Le Destin des enfants d'immigrés*, Stock, 2009.

Articles et dépêches

Dépêche AFP, « Baby-Loup : Valls propose d'interdire les signes religieux "là où il y a des enfants" », 8 novembre 2010.

Dépêche AFP, « Plus de naturalisations en 2010 en France », 13 septembre 2010.

Jean-Paul Agon, « L'Oréal fait de la discrimination positive et l'assume », propos recueillis par Nathalie Brafman et Stéphane Lauer, *Le Monde*, 13 juillet 2007.

Bernard Aubry, Michèle Tribalat, « Les jeunes d'origine étrangère », revue *Commentaire*, juin 2009.

Laurent Auzet, Magali Février, Aude Lapinte, « Niveaux de vie et pauvreté en France », *Insee Première*, n° 1162, octobre 2007.

Édouard Balladur, « L'Europe à 27 est vouée à l'échec », propos recueillis par Françoise Fressoz, *Le Monde*, 26 septembre 2010.

Marie Bellan, « Besson pousse les entreprises à recruter davantage d'immigrés », *Les Échos*, 14 juin 2010.

Philippe Bernard, « Les chiffres de la régularisation révèlent la France des clandestins », *Le Monde*, 8 juin 1999.

Yannick Blanc, « Le marché mondial de la migration », *Le Débat*, n° 151, Gallimard, septembre 2008.

Bondyblog, « Vol A 93120 : Washington-La Courneuve », 5 avril 2010 (http://yahoo.bondyblog.fr/201004050001/vol-a-93120-washington-la-courneu ve/#).

Luc Bronner, « Washington à la conquête du “9-3” », *Le Monde*, 5 juin 2010.

Guy Castegnaro, Ariane Claverie, « La carte bleue européenne, ou comment attirer les talents ? », *AGEFI Luxembourg*, juillet 2009.

Ariane Claverie, Guy Castegnaro, « La carte bleue européenne, ou comment attirer les talents ? », *AGEFI Luxembourg*, juillet 2009.

Catherine Clément, « Claude Lévi-Strauss, une vie », *L'Express*, 3 novembre 2009.

Joël Cossardeaux, « Banlieues : huit ministres pour vingt ans de politique de la ville », *Les Échos*, 14 janvier 2011.

Sylvain Courage, Ève Roger, « Les privilèges de la République », *Le Nouvel Observateur* n° 2380, 17 juin 2010.

Rachida Dati, « La discrimination positive, faisons-la ! », *Le Monde*, 30 décembre 2010.

Manuel Domergue, « Urbanisme : bilan mitigé pour la rénovation urbaine », *Alternatives économiques* n° 296, novembre 2010.

René Dosière, « Cumul des mandats : “Un ministre peut recevoir jusqu'à 21 000 euros” », propos recueillis par Éric Nunès, *Le Monde*, 20 décembre 2010.

The Economist online, « Young and jobless. The ratio of youth to adult unemployment worsens », 16 décembre 2010.

L'Express, « Grève des sans-papiers : nombreux soutiens », lundi 21 avril 2008.

Magali Février, Laurent Auzet, Aude Lapinte, « Niveaux de vie et pauvreté en France », *Insee Première* n° 1162, octobre 2007.

Le Figaro.fr, « Près de 3 millions de mal-logés en France », 11 janvier 2011.

Azzedine Gaci, « Les prisonniers musulmans ont le droit de vivre leur foi ! », propos recueillis par Walid Mebarek pour le quotidien algérien, *El Watan*, 22 mars 2005.

Max Gallo, « Il suffit de quelques jours pour que la barbarie rejaillisse », propos recueillis par Saïd Mahrane, Le Point.fr, 25 février 2009.

Jean-Baptiste Garat, Anne Rovan, « Ces ministres qui cherchent leur place à l'UMP », *Le Figaro*, 27 décembre 2010.

Marcel Gauchet, « Nos dirigeants sont pétrifiés », propos recueillis par Anne-Laure Barret, *Le Journal du Dimanche*, 1er janvier 2011 ;

« Le spectre qui hante l'Europe, c'est la décadence », propos recueillis par Sylvie Besson, *Le Temps*, 3 juillet 2009.

Mireille Grange, Michel Leroux, « La pédagogie sens dessus dessous », *Le Débat*, n° 135, Gallimard, mai-août 2005.

André Grjebine, « La Gestion de la différence dans une société ouverte », *Le Débat*, n° 159, Gallimard, mars-avril 2010.

Claire Guélaud, « Forte hausse du chômage en France pour 2010 », *Le Monde*, 26 janvier 2011.

Benoît Guivellic, « Li Yinhe et la libération sexuelle en Chine », *Aujourd'hui la Chine*, 13 avril 2010.

Olivier Houdé, « Développement cognitif et cerveau : apprendre l'inhibition », revue *Administration et éducation* de l'Association française des administrateurs de l'éducation (AFAE), mai 2010.

Aude Lapinte, Laurent Auzet, Magali Février, « Niveaux de vie et pauvreté en France », *Insee Première*, n° 1162, octobre 2007.

Agnès Laurent, « Pourquoi les entreprises n'aiment pas la Halde », *La Tribune*, 6 mars 2010.

Michel Leroux, Mireille Grange, « La pédagogie sens dessus dessous », *Le Débat*, n° 135, Gallimard, mai-août 2005.

Hervé Mariton, « Un stage de cinq ans pour devenir français », propos recueillis par Soazig Quémener, *Le Journal du Dimanche*, 5 septembre 2010.

Abdelwahab Meddeb, « La burqa et le cercle des idiots », *Le Monde*, 27 décembre 2009.

Carl Meeus, « Les coulisses », *Le Figaro*, 18 janvier 2008.

Pierre Nora, « Les avatars de l'identité française », *Le Débat*, n° 159, Gallimard, mars-avril 2010.

Benoît Normand, « Quelle efficacité pour les politiques d'intégration ? », in *Cinquante ans de politiques publiques d'intégration*, *Cahiers français* n° 352, La Documentation française, septembre-octobre 2009.

Le Parisien.fr, « Sans-papiers : une directive européenne permet d'annuler les expulsions », 30 janvier 2011.

Jean-Francis Pécresse, « Immigration, une exception française en Europe », *Les Échos*, 5 janvier 2011.

Sylvie Pierre-Brossolette, Fabien Roland-Lévy, « Immigrations, Roms, allocations, mensonges… Ce qu'on n'ose pas dire », *Le Point* n° 1985, 30 septembre 2010.

Isabelle Rey-Lefebvre, « Immobilier : Paris essaie d'attirer les investisseurs respectant la loi islamique », *Le Monde*, 27 juillet 2010.

Pascal Riché, « La fin de la culture générale aux concours fait des vagues », *Rue 89*, 2 décembre 2008.

Ève Roger, Sylvain Courage, « Les privilèges de la République », *Le Nouvel Observateur* n° 2380, 17 juin 2010.

Fabien Roland-Lévy, Sylvie Pierre-Brossolette, « Immigrations, Roms, allocations, mensonges… Ce qu'on n'ose pas dire », *Le Point* n° 1985, 30 septembre 2010.

Anne Rovan, Jean-Baptiste Garat, « Ces ministres qui cherchent leur place à l'UMP », *Le Figaro*, 27 décembre 2010.

Malika Sorel, « Penser l'intégration », *Le Débat*, n° 151, Gallimard, septembre 2008.

Henri Tincq, « Sarkozy et Dieu », *Le Monde*, 14 février 2008.

Michèle Tribalat, Bernard Aubry, « Les jeunes d'origine étrangère », revue *Commentaire*, juin 2009.

Michèle Tribalat, « L'Insee admet enfin avoir sous-estimé le solde migratoire », *Le Figaro*, 24 août 2006.

Laetitia Van Eeckhout, « Régularisation : le travail, un espoir pour les sans-papiers », *Le Monde*, 8 janvier 2008.

Alain Viala, « Programmes : comment enseigner le français. Former la personne et le citoyen », *Le Débat* n° 135, Gallimard, mai-août 2005.

Élise Vincent, « Immigration : la France est-elle la plus stricte ? », *Le Monde*, 5 octobre 2010.

Rapports, comptes rendus et colloques

Sondage international BVA-Gallup, « Les perspectives économiques 2011 », janvier 2011.

Sondage Ifop pour *Le Monde*, « Regard croisé France/Allemagne sur l'Islam », 13 décembre 2010.

Haut Conseil à l'intégration, « Relever les défis de l'intégration à l'école », rapport au Premier ministre, décembre 2010.

Cévipof/Opinion Way, « Baromètre confiance en politique », décembre 2010.

Insee, « Portrait social de la France », novembre 2010.

Ioanna Kohler pour l'Institut Montaigne « Les expatriés de l'enseignement supérieur français aux États-Unis », novembre 2010.

Ministère du Budget, des Comptes publics, de la Fonction publique et de la Réforme de l'État, *Bulletin officiel des impôts*, n° 78, Direction générale des finances publiques 4FE/51/10, l'instruction du 23 juillet 2010.

Inspection générale de l'administration de l'Éducation nationale et de la Recherche, « Note à Madame la ministre de l'Enseignement supérieur et de la Recherche, relative à la mise en œuvre du plan pour la réussite en licence », rapport n° 2010-091, juillet 2010.

Institut Montaigne, « Vaincre l'échec à l'école primaire », avril 2010.

Enquête aFev-Audirep « Les Français et les jeunes », réalisée pour le compte de l'Observatoire de la jeunesse solidaire, édition 2010.

Le médiateur de la République, « Synthèse annuelle d'activité 2010 du pôle santé et sécurité des soins ».

Observatoire national des zones urbaines sensibles, rapport 2010.

Thione Niang, colloque « Qu'est-ce qu'être français ? » organisé par l'Institut Montaigne, 4 décembre 2009.

Communiqué du ministère de l'Immigration : « Éric Besson réunit des victimes de "mariages gris" », 20 novembre 2009.

Isabelle Clair, Virginie Descoutures, « Filles et garçons d'un quartier populaire de Paris », Centre de recherches sociologiques et politiques de Paris, novembre 2009.

Haut Conseil à l'intégration, « Faire connaître les valeurs de la République », avril 2009.

Comité présidé par Simone Veil, « Redécouvrir le préambule de la Constitution », audition de Malika Sorel, rapport au Président de la République, La Documentation française, décembre 2008.

Anne-Marie Le Pourhiet, « Principes républicains et discrimination positive », compte rendu de conférence d'un mardi du club Politique-autrement, 9 décembre 2008.

André Santini, « Quelle réforme pour la fonction publique ? », chat avec les internautes du 5 décembre 2008, portail du Gouvernement.

Rapport de la Commission pour la libération de la croissance française, sous la présidence de Jacques Attali, janvier 2008.

« La maternelle au front des inégalités linguistiques et sociales », rapport au ministre de l'Éducation nationale Xavier Darcos, décembre 2007.

Haut Conseil à l'intégration, « Projet de charte de la Laïcité dans les services publics », avis au Premier ministre, janvier 2007.

Haut Conseil de l'éducation, « L'école primaire. Bilan des résultats de l'école 2007 ».

Maryse Jaspard, « Enquête Seine-Saint-Denis » pour le conseil général de Seine-Saint-Denis, 2007.

Inspection générale de l'Éducation nationale, Inspection générale de l'administration de l'Éducation nationale et de la Recherche, rapport à monsieur le ministre de l'Éducation nationale, de l'Enseignement supérieur et de la Recherche : « La contribution de l'éducation prioritaire à l'égalité des chances des élèves », octobre 2006.

Jacques Dupâquier, Yves-Marie Laulan, *Immigration/Intégration – un essai d'évaluation des coûts économiques et financiers*, actes du colloque qui s'est tenu à Paris le 17 novembre 2005, Fondation Singer-Polignac-Institut de géopolitique des populations, L'Harmattan, mars 2006.

OCDE, « Points forts des élèves issus de l'immigration – *Une analyse comparative des performances et de l'engagement des élèves dans PISA 2003* », 2006.

Jouni Välijärvi *et alii*, in « Rapport mondial de suivi sur l'éducation pour tous », Unesco, 2005.

Insee, « Les immigrés en France », édition 2005.

Cours des comptes, « L'accueil des immigrants et l'intégration des populations issues de l'immigration », novembre 2004.

Horia Kebabza, Daniel Welzer-Lang, « Jeunes filles et garçons des quartiers : une approche des injonctions de genre », rapport réalisé pour la Délégation interministérielle à la Ville, septembre 2003.

Autres documents

Textes de loi

« *Convention égalité réelle* », texte adopté par le Conseil national du Parti Socialiste, 9 novembre 2010.

Projet de loi relatif à l'immigration, à l'intégration et à la nationalité, présenté le 31 mars 2010 par Éric Besson, adopté en première lecture par l'Assemblée nationale le 12 octobre 2010.

Loi n° 2010-1127 du 28 septembre 2010 visant à lutter contre l'absentéisme scolaire, dite loi Ciotti.

Directive 2009/50/CE du Conseil du 25 mai 2009 établissant les conditions d'entrée et de séjour des ressortissants de pays tiers aux fins d'un emploi hautement qualifié.

Décret n° 2008-328 du 9 avril 2008 portant création d'un comité de réflexion sur le Préambule de la Constitution.

Arrêté du 18 janvier 2008 relatif à la délivrance, sans opposition de la situation de l'emploi, des autorisations de travail aux étrangers non ressortissants d'un État membre de l'Union européenne, d'un autre État partie à l'Espace économique européen ou de la Confédération suisse, publié au *Journal officiel* n° 0017 du 20 janvier 2008.

Loi n° 2007-290 du 5 mars 2007 instituant le droit au logement opposable et portant diverses mesures en faveur de la cohésion sociale.

Loi relative à l'immigration et l'intégration, dite loi Sarkozy, votée au printemps 2006.

Loi n° 2006-396 du 31 mars 2006 pour l'égalité des chances.

Circulaire DPM/SDN/N 3 n° 2005-104 du 24 février 2005 relative à l'enquête diligentée par les services préfectoraux sur les demandes d'acquisition de la nationalité française par déclaration.

Charte de la diversité en entreprise, octobre 2004 (http://www.charte-diversite.com/charte-diversite-les-signataires.php).

Loi n° 2000-1208 du 13 décembre 2000 relative à la solidarité et au renouvellement urbains, qui oblige les communes à accepter un quota de 20 % de logements sociaux.

Déclaration des droits de l'homme et du citoyen de 1789.

Lettres et discours

Lettre de Jean-Pierre Chevènement adressée à la présidente de la 17e chambre correctionnelle du tribunal de grande instance de Paris, datée du 3 janvier 2011.

Lettre de Brice Hortefeux, ministre de l'Intérieur, de l'Outre-mer et des Collectivités territoriales, adressée à Thomas Hammarberg, commissaire aux Droits de l'homme au Conseil de l'Europe, rendue publique le 2 novembre 2010.

Discours du ministre de l'Enseignement supérieur et de la Recherche en clôture du congrès de la Conférence des grandes écoles, Collège de France, 8 octobre 2010.

Discours de Luc Chatel, ministre de l'Éducation nationale, séminaire Clair, 21 septembre 2010.

Lettre du pape Jean-Paul II adressée à Mgr Jean-Pierre Ricard, archevêque de Bordeaux et président de la Conférence des évêques de France, 11 février 2005.

Lettre de Georges Marchais adressée à Si Hamza Boubakeur, recteur de la mosquée de Paris, publiée le 6 janvier 1981 par le journal *L'Humanité*.

Interventions radiophoniques et télévisuelles

Chronique de Jean-Michel Aphatie, RTL, 13 décembre 2010.

« Complément d'enquête », « Banlieues : le feu est-il éteint ? », France 2, 13 mars 2006.

Luc Ferry dans l'émission « Journal du matin » de France Culture, 21 novembre 2008.

Max Gallo sur France Culture dans l'émission « L'esprit public – le rapport du Haut Commissariat à l'intégration sur le communautarisme », de Philippe Meyer, 31 octobre 2010.

Édouard Glissant dans l'émission « Bibliothèque Médicis », Public Sénat, 12 mai 2009.

Hervé Le Bras, démographe et historien, dans l'émission « Mots croisés », « Qu'est-ce qu'être français ? », présentée par Yves Calvi, France 2, 9 novembre 2009.

Pour continuer la lecture de Malika Sorel-Sutter, consulter le blog : www.malikasorel.fr

Table des matières

Photocomposition Nord Compo
Villeneuve-d'Ascq

Pour l'éditeur, le principe est d'utiliser des papiers composés de fibres naturelles, renouvelables, recyclables et fabriquées à partir de bois issu de forêts qui adoptent un système d'aménagement durable.
En outre, l'éditeur attend de ses fournisseurs de papier qu'ils s'inscrivent dans une démarche de certification environnementale reconnue.

Cet ouvrage a été imprimé en France par
CPI Bussière
à Saint-Amand-Montrond (Cher)
en avril 2011

42-42-0656-1/02

ISBN 978-2-7555-0615-0

Dépôt légal : avril 2011.
N° d'impression : 111142/4.